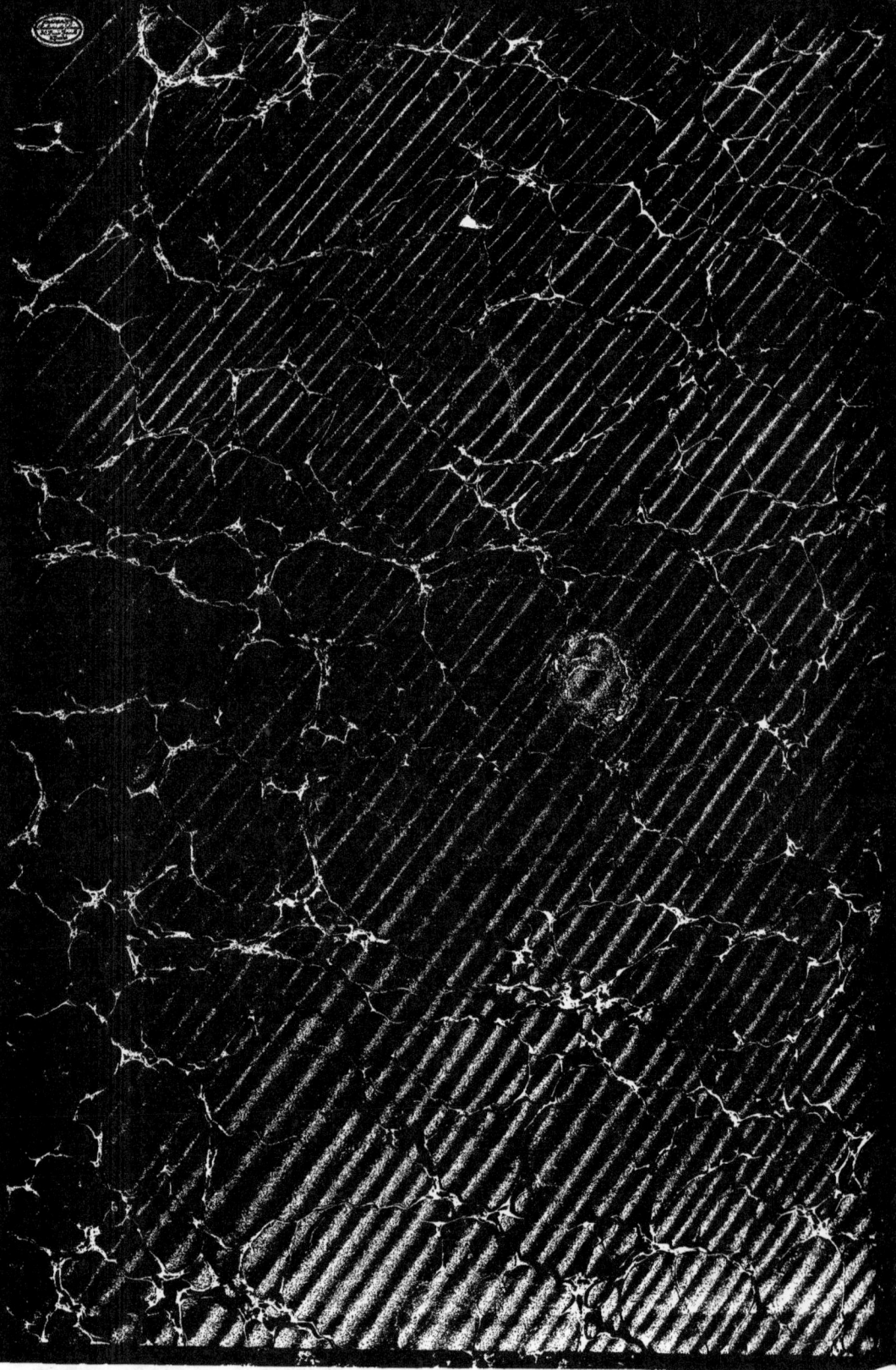

ABREGE
CRONOLOGIQUE
De la Fondation
et Histoire
DU COLLEGE
DE BOISSY,
avec
LA GENEALOGIE
DE LA FAMILLE
DE SES FONDATEURS.

M.DCC.XXIV.

Abregé Cronologique

de la Fondation et Histoire du College de Boissy,

avec la Genealogie

de la Famille de ses Fondateurs.

Godefroy de Boissy Prestre Chanoine de l'Eglise de Chartres, Clerc du Roy Jean, par son testament de l'année 1353. ordonna que ses legs paiés, le surplus de ses biens seroit vendu et distribué aux Pauvres de Paris, et du Village de Boissy le sec prés d'Etampes Diocese de Chartres, si ses Executeurs testamentaires ne jugeoient a propos d'en disposer autrement.

Il mourut le 20.e d'Aoust de l'année 1354. et fut inhumé aux grands Augustins de Paris.

Aprés sa mort Etienne Vidé de Boissy Chanoine de Laon et de St Germain l'Auxerois son neveu maternel, l'un de ses legataires et de ses executeurs testamentaires, de concert avec les autres, crut ne pouvoir mieux accomplir la derniere volonté de son Oncle, que d'employer les biens restés de sa succession a la fondation d'un College pour y entretenir aux etudes six pauvres Ecoliers dont le plus ancien seroit appellé le Maître, et un Chapelain, ou un plus grand nombre, si les biens de son Oncle, et une partie des siens qu'il y affecta par son testament du premier Juillet 1363. pouvoient suffire. Par ce testam.^t il ordonne que les Ecoliers et le Chapelain seront de la Famille des Fondateurs, tant qu'il s'en trouveroit de capables, ou qui voudroient accepter les Bourses; qu'a leur defaut on choisiroit des Pauvres du Village de Boissy le Sec, hameaux, ou lieux plus proches, et encore au defaut des uns et des autres, que l'on prendroit des Pauvres de la Paroisse de St André des Arcs sur laquelle est situé le College; que la nomination des Ecoliers seroit faite par les Executeurs du Testament de son Oncle et les siens, et apres leur mort par le Chancelier de l'Eglise et Université de Paris, et le Prieur des Chartreux de la meme Ville, ou l'un d'eux en l'absence de l'autre.

Cette fondation fut faite en l'année 1358. et decretée par l'Université de Paris le 7 mars de la meme année, et les Ecoliers furent alors introduits dans ce College, qui fut nommé Maison ou College de Boissy.

Estienne Vidé mourut le 29 Juillet 1363 et fut inhumé dans l'Eglise de St André des Arcs.

Aprés sa mort les Executeurs du Testament de Godefroy de concert avec les siens firent en l'année 1366 des Statuts pour la direction et administration du College, qui ont eté renouvellés et reformés le 30.e Aoust 1680, et Omologués par arrest du 26.e Fevrier de l'année suivante.

Guillaume de Melun Archêvêque de Sens, pour augmenter cette Fondation, donna au College en l'année 1364. 45 arpens en terres prés et vignes, situés a Vinneuf prés Courlon, avec la mairie et la censive de Rebellas prés Jard en Bourgogne; ce dernier don n'est plus possedé par le College.

Pour donner une idée de l'Histoire du College de Boissy, il suffit de faire un recit succint de tous les Principaux qui y ont eté etablis depuis sa fondation, par ou on pourra connoitre les differentes variations qui y sont arrivées.

1.º Jean Boileaue Pretre Licentié es Loix Chanoine de Teroüenne Fils de Jean Boileaue l'un des Executeurs du testament d'Estienne Vidé fut choisy par le meme Estienne, et les Executeurs du testament de Godefroy, suivant le titre de la Fondation de l'année 1358, pour être le premier Maître ou Principal du College de Boissy. et de facto ipsi deputati dictos Scolares in personas Joannis Boilaudi Magistri dictorum Scolarium pro præsenti, Joannis Mercerij, Joannis Filiastri, Joannis Ramoleti, Robini Basdous, et Jaqueti Majoris, nominatorum per dictos Executores et Magistrum Stephanum ..... induxerunt. il occupa cette place jusqu'en l'année 1366, et legua au College la Maison ou il demeuroit prés St André des Arcs par son Testament du 20.e Juin 1411. cette Maison a eté alienée dans la suite et convertie en rente fonciere. Il mourut la meme année et fut enterré a Saint André.

2.º Jean Filiastre l'un des premiers Boursiers etablis par la Fondation, fut nommé Principal en l'année 1366 par les Executeurs du Testament de Godefroy de Boissy, et ceux d'Etienne Vidé. Cette nomination est marquée en ces termes dans les anciens Statuts. ad officium vero Magisterij dictæ domûs prædicti Domin

Executores hac vice prima venerabilem & discretum virum Magistrum Joannem Filiastre prædictorum Dominorum dicti Collegij Fundatorum propinquum & nepotem rectorem constituerunt & ordinaverunt. Etienne Vidé le nomme par son Testament a une Chapelle qu'il avoit fondée en l'Eglise de St Germain l'Auxerrois. Il est employé dans le Catalogue des Recteurs de l'Université en l'année 1384.

3°. Nicolas Goujn employé dans le Catalogue des Theologiens du College de Navarre en l'année 1395 fut elu Principal après luy par le Chapelain et les Ecoliers du College, suivant le privilege qui leur est accordé par les anciens Statuts. Ce droit ayant été longtemps interrompu et retably en l'année 1683, il ne sera pas inutile de raporter tout entier l'article des Anciens Statuts qui en fait mention.

Circa assumptionem Magistri & Rectoris dictæ domus per dictos Dominos Executores sic prævisum & statutum est. Quandocumque vacare contigerit in dicta domo Magistri seu Rectoris officium, Scolares omnes dictæ domus infra tres dies a tempore notitiæ vacationis numerandos in capella seu aula dictæ domus conveniant et convenire teneantur omnes, justo impedimento cessante, ibidemque præsentes, Christi nomine invocato, ad requisitionem & mandatum Scolaris antiquioris dictam domum Regentis, in manu sua jurent ad Sancti Dei Evangelia, quod nominabunt & eligent pura conscientia & bona fide de se ipsis personam aliquam quam credant idoneam, bonæ conversationis et vitæ, atque utilem dictæ domui memoratæ. Si qui vero jurare aut convenire nollent, ut prædicitur, per dictum antiquiorem requisiti, facto ipso voce careant illa vice, nec in tota illa vacatione admittantur ulterius ad electionem; præstito que juramento dictus antiquior scolaris sigillatim, secreto, & ad partem qamlibet adjurando vota singulorum de dicto Collegio exquirat Sacerdote dictæ domus, & uno notario publico, cum testibus sufficientibus, & assistentibus in præmissis, quibus votis sic exquisitis, eadem omnibus publicet in communi, et ille in quem omnes vel sanior & major pars numero consenserint, eligatur & assumatur per ipsum antiquiorem scolarem regentem; vel si in ipsum sustentatorem vota omnium, vel dictæ domus majoris partis concurrerint, per alium qui in dicta domo scolaris esset, vice ac nomine suo, ac totius Collegij eligatur, & assumatur Magister ac Rector dicti Collegij. Ipsaque electio seu provisio dicti Magistri & Rectoris fieri debebit infra quindecim dies a tempore hujus præstiti juramenti; quam sic factam & celebratam præfati scolares suis collatoribus præsentabunt confirmandam. Si autem electione durante inter ipsos scolares fuerit pugna vel dissentio, totum judicio & arbitrio Collatorum remittetur, qui super hoc habebunt providere. elapsis vero quindecim diebus ad collatores & provisores generales & superiores dictæ domus, ipsa vice, dicta electio seu provisio non celebrata devolvetur, qui etiam quam citius poterunt vacare secundum Deum & eorum conscientias

de Magistro & Rectore idoneo, modo & formâ supradictis de gremio ipsorum provideant domui & collegio supradictis.

Le huitième article des nouveaux Statuts est conçu en ces termes. La charge de Principal venant a vaquer, le Chapelain et les boursiers seront obligés d'en donner avis incessament aux Superieurs, après quoy, ils s'assembleront dans la salle de ladite maison et College, et après avoir prêté serment entre les mains du Chapelain ou en son absence, de l'ancien boursier, par lequel ils s'obligeront de faire choix selon leur conscience, ils eliront ou entre eux, ou parmy ceux qui auront autrefois été boursiers, celuy qu'ils connoîtront le plus propre pour remplir ladite place, preferant neanmoins ceux qui sont de la Famille a ceux qui seront seulement nés de Boissy ou de la Paroisse de St André, pourvu qu'ils ayent les qualités requises, ce qui sera jugé par lesdits Superieurs: et en cas qu'ils nomment une personne incapable, l'Election sera devolue aux Superieurs: après laquelle election les boursiers presenteront aux Superieurs celuy qu'ils auront elu pour en obtenir la confirmation.

4°. Jean Loier fut elu Principal le prem.r may 1407. il rendit compte des revenus du College en la même année, et en 1409 et en 1413 a Jean Gerson Chancelier de l'Eglise et Université de Paris, a Jean de Lusy, et a Jean de Griffemont Prieurs des Chartreux. les grosses de ces Comptes se conservent dans les archives de ce Couvent.

5°. Simon Basdoux descendu d'une Soeur de Godefroy de Boissy fut elu Principal le 8 octobre 1412, les frais et poursuites pour son election sont employés en depence dans le dernier Compte de son predecesseur; il rendit aussy compte des revenus du College le 23 juillet 1416 a Mathieu de St Jaques Prieur des Chartreux, Jean Gerson etoit pour lors en Cour de Rome, ces Comptes furent compulsés sur les originaux le 13 mars 1683 pendant le procés qui etoit au Châtel.t pour l'élection de Guillaume Hodey dont nous parlerons.

6°. Jean Hue né prés d'Etampes Licentié és Loix et Chapelain du College és années 1408 et 1412, fut elu Principal après luy. on ne peut dire s'il est le même qui est compris dans le catalogue des Recteurs en l'année 1440 et que Mr de l'Aunoy met au nombre des Docteurs de Navarre en l'année 1448. le lieu de son origine et le même nom donnent lieu a cette conjecture. il etoit en meme temps Chanoine de Rheims, Sens, et Paris. il fut aussy Curé de St André des arcs en 1458 Penitentier de l'Eglise de Paris, et Doyen de la Faculté de Theologie en 1475. il eut procés avec Ambroise de Cambray pour la Chancellerie de Notre Dame, qui fut terminé par sa mort en 1482. Mr. de Launoy raporte qu'il est marqué dans un tableau qui est dans l'Eglise de St Marie d'Estampes, ou il avoit été Chanoine, qu'il

y avoit fondé le couvrefeu et l'Office de la Presentation de la
S.te Vierge. Il fut un des premiers Docteurs que l'on commen-
ça du tems de Charles 7 a choisir po.r assister les supliciés.
7°. Jean Guillart Licentié en Droit et Bachelier en
Theologie, luy succeda. Il donna en rente fonciere
plusieurs maisons du domaine du Collège, ce qui
luy fit un notable prejudice; aussy pour le dedomager
et demeurer quitte envers luy de ce qu'il luy devoit,
il luy ceda une maison rue des poitevins, par
contract du 12 decembre 1471, a la charge d'un
service perpetuel le premier lundy de carême, et
de deux messes par semaine a perpetuité.
8°. Jean Pichoire pourvû d'une bourse le 25 octobre
1457. etoit principal en 1471 du vivant de Jean-
Guillart, il fit son testament en l'année 1482, et
nomma pour Executeur Michel Chartier qui luy
succeda la même année. Il y a bien de l'aparence que
plusieurs de ces huit premiers Principaux n'etoient
point de la famille des Fondateurs, mais seulement
originaires de Boissy ou de la paroisse de S.t André.
9°. Michel Chartier Docteur en droit canon, fils de
Michel Chartier Sg.r d'Alainville, et de Catherine Paté,
de qui descendent aujourd'huy tous ceux qui sont de
la famille des Fondateurs, etoit petit neveu d'Alain Chartier Secretaire des Roys Charles 6.e et Charles 7, et de
Guillaume Chartier Evêque de Paris, et du côté maternel il etoit aussy petit neveu de Jean Paté Evêque
d'Arras puis de Chartres. son Epitaphe marque qu'il
etoit Curé de S.t Christophe et Maître de Boissy. ses
provisions de la Principalité sont du 9 juillet 1482.
Le 19 juillet 1487 il fit faire par un Notaire une copie
collationée des anciens Statuts sur l'Original qui est en
depost dans les archives du Couvent des Peres Chartreux de Paris. Il a gouverné le Collège pendant 49
années, a fait bâtir la Chapelle à peu près comme
elle est aujourd'huy, il donna a vie les terres situées
a Vinneuf, qui dans la suite ont eté reunies au domaine du Collège du tems de Charles Du Lis. Il est inhumé à S.t André dans la Chapelle que Mathieu Chartier son
neveu fameux Avocat de ce tems la, avoit fait bâtir, dans
la même Eglise, ou l'on voit leurs epitaphes. Celle de Michel
Chartier est aussi dans la Chapelle du Collège, excepté le titre
françois qui est dans celle de S.t André. la voicy. Cy gist
Michel Chartier Docteur en Droit et Maître de Boissy, et
Curé de S.t Christophe, qui deceda le 5 juillet 1531.

 Sacrorum Canonum doctor, clarusque Sacerdos,
  nomen cui a Chartis, forsitan a quadriga.
 Octoginta annos medico sine, plus minus egit,
  integer auditu, dentibus, atque oculis.
 Ouma, aut nil jurans semperque abstemius; ergo
  cælum animam, cineres urna nepotis habe.

Les deux vers suivants sont dans l'epitaphe de
la Chapelle du Collège.

 Ædibus his præes, fundantum e stirpe sacellum hoc
 struxerat ære suo, & plura daturus obit.

10° Pierre Bouguier son petit neveu luy succeda. le 27
juillet 1531. et trois ans apres il quitta le Collège pour
se marier. Il echangea en 1534. les terres cens et maisons
que le Collège possedoit dés sa fondation a Nantoüillet
avec 68 arpens de terre situés a Silly pres Dammartin
que le Cardinal Antoine Du Prat Seigneur de Nantoüillet donna au Collège en echange.
11° Benoit Maillard son Cousin germain fut Principal apres luy pres de dix ans. Il quitta aussy le
Collège pour le même sujet. Il afferma en 1544 les
terres dont nous venons de parler.
12 et 13. Guy et Jean de Saintes Freres, ses Cousins germains, luy succederent l'un apres l'autre. Ils occuperent
cette place environ 5 ou 6 ans, et moururent jeunes.
14. Pierre de Saintes leur Frere fut receu Principal le
15.e may 1550. 9 ans apres il quitta le Collège pour se
marier. Il vendit une maison et un jardin apartenant
au Collège rue des poitevins, a Christophe de Thou
Premier President du Parlement, pour agrandir
son Hôtel, moïennant 300.tt d'argent comptant et
153.tt 13 l. 4 d.rs de rente a prendre sur le s.d Le contrat
est du 4 mars 1559. Guillaume Hodey son ariere petit
neveu, dont nous parlerons, en a receu le remboursement
montant a 1162.tt 12 l. 6 d.rs le dernier decembre 1685.
Le changement d'etat et la jeunesse de ces derniers
Principaux furent tres prejudiciables au Collège
car ils exclurent la plupart des Boursiers, et dissi-
perent une partie des revenus.
15. Claude de Saintes son Frere né a Chartres en
1525, Chanoine regulier de S.t Augustin de l'abbaye
de S.t Cheron pres Chartres en 1640, Docteur en Theologie de
la Maison de Navarre en 1555, et fameux predicateur,
luy succeda en 1561 sur la demission de son predecesseur
les provisions d'Antoine du Vivier Chancelier et d'Antoine de Louain Prieur des Chartreux portent cette
clause, et sont dattées du dernier octobre de la même
année. Pour reparer le tort que ses predecesseurs avoient
fait au Collège, il presenta aux mêmes Superieurs quatre
Boursiers, sçavoir, Thomas Mathieu, et Claude de Rochefort ses Cousins germains, avec Toussaint Milet.
l'acte de presentation est du 7 octobre 1562. En l'année
1566 il assista avec Simon Vigor, depuis Archevêque de
Narbonne, a une conference qui se tint a l'Hôtel de Nevers
ou ils disputerent contre deux Ministres de la R.P.R.
Spina, et Du Rosier. En l'année 1561 il assista au
Colloque de Poissy ou il refuta de bouche et par
ecrit les Heretiques. Il fut un des douze Theologiens

que Charles 9 envoya au Concile de Trente. Il fut nommé a l'Evesché d'Evreux sur la fin du regne de Charles 9. Henry 3 confirma cette nomination, et Gregoire 13 luy accorda les Bulles gratis le 30 mars 1575. il assista en cette qualité aux Etats de Blois l'année suivante. Il se trouva en l'année 1581 au Concile provincial de Rouen, dont il fut le Promoteur, en publia les actes avec les Statuts synodaux de son Diocese. Pendant les guerres civiles de la ligue il se retira a Louviers, mais la ville ayant été surprise en 1591, il y fut fait prisonnier de guerre, et conduit au chateau de Crevecoeur pres Caen, ou il mourut le 17 octobre de la même année. Son corps fut transporté a Verneuil au Perche, ou il demeura plus de six ans en depôt dans l'Eglise de la Madeleine, ou son coeur fut inhumé avec cette epitaphe.

Anno Domini 1591 bellis civilibus tumultuante gallia, corpus Illustrissimi & Reverendissimi Claudij de Sainctes Ebroicensis Episcopi sanctitate & doctrina celeberrimi, nuper in castello de Crevecoeur, sine suspicione veneni ab haereticis propinati, quos miris scriptis exagitaverat, vita functi, inde asportatum in hac Ecclesia per annos sex et amplius integrum est observatum, tandemque obtinuit ut in primaria sepeliretur Ebroicensi, corde servato quod hic juxta plumbaeo scriniolo honorifice conditum est ad perpetuam hujus loci felicitatem & gloriam.

Celle qui est sur son corps en l'Eglise Cathedrale d'Evreux est conçue en ces termes.

Siste quisquis hanc aedem oraturus adis, hospes sive incola Claudius de Sainctes magnus ille Theologus Ebr. Antistes hoc angulo pompa tenui situs est, sepulcrum imagines, nullaeve columnae exornant, ne mirere? sufficit angustus parvo corpori locus, nec pompas mortuus optabit, qui vivens fastus & saeculi lusus ludibria, at quae columna satis digna potuit erigi illi qui columna fuit Ecclesiae. imago non corporis, vanum, sed ingenii, mentisque divinae in libris illius admirandis cernitur. conciones in conspectu regum, populique frequentis habitae sat nomen illustrant, si haec nescis surdus & mutus, illa non sunt scripta tibi, vade, & ora. obijt anno 1591.

Il a composé plusieurs ouvrages dont Mr. de Launoy donne le catalogue dans son Histoire du Collége de Navarre.

16. Claude de Rochefort boursier en 1562 fut pourvu de la Principalité le 28 may 1574. il avoit apris a gouverner le Collége du vivant de son predecesseur, pendant les voyages qu'il fit a la suite du Cardinal de Loraine a Poissy, a Trente, a Rome, a Avignon, et même en Poitou, ou il se trouva aux batailles de Jarnac et de Montcontour en qualité d'Aumônier du Duc d'Anjou depuis Henry 3. Claude de Rochefort fut Principal plus de 19 ans; il aliena en 1579 et donna a rente la grande maison de la rue des poitevins; il a fait bâtir le puits qui est dans le jardin du Collége.

17. Pierre de Montholon Fils et Petit fils des deux Gardes des Sceaux de ce nom, Docteur de Sorbonne et Professeur en Theologie luy succeda le 9 octobre 1595. l'année d'après la peste affligeant Paris, il se retira a sa terre d'Aubervilliers ou il mourut la même année, et y fut inhumé avec cette Epitaphe.

Petrus Montholoncus Presbiter Doctor Sorbonicus hujus aviti territorij ac vivarij Dominus, sed mage clarus quod Patre & Avo Vice Cancellarijs natus, dum fugit tabem Lutetiam anno 1596 depopulantem, ipsomet tabo conficitur, prius huic Ecclesiae legatis decimis quas in feudum habebat, & ne recens cadaver cuiquam officeret, post hoc altare tumulari jussit, ut qui omnibus vivens proficere studebat, nemini nocuus esset mortuus. huic si precamini charitas rependet.

Charles François de Montholon mort premier President du Parlement de Normandie en 1793 son petit Neveu, a rendu des services considerables au Collége, par les soins qu'il s'est donné tant pour luy procurer le recouvrement des deniers divertis, qui ont été employés a sa reconstruction, qu'a faire retablir l'Election du Principal, ce qui a remis la regle et le bon ordre dans le Collége.

18. Guillaume Tranchot etranger a la famille des Fondateurs ancien boursier, fut pourvu de la Principalité après luy par Jean du Vivier Chancelier de Notre Dame le 21 aoust 1596 en l'absence de Gabriel de Billecoq Pr. des Chartreux qui a son retour confera la Principalité a Nicolas Martineau Chapelain du Collége, ce qui causa un procés; quelque tems après le dernier ceda ses droits, et le premier demeura paisible. il fut Principal un peu plus de six ans.

19 Charles Du Lis ariere petit Neveu de la Pucelle d'Orleans boursier, quoy qu'etranger a la famille des Fondateurs, luy succeda sur sa demission le 29 juin 1602, a l'âge de 17 ans. Il fut pourvu par le Chancelier de l'Université. Pierre de Sainctes Clerc tonsuré boursier fils du Principal de ce nom, en fut aussy pourvu par l'Evêque de Paris, de la vint un procés que le dernier, qui avoit pris la profession d'Avocat, perdit le 13 juin 1602. il est surprenant de voir un Principal sous la tutelle ou curatelle de son Pere, même après sa majorité; Charles Du Lis Avocat general de la Cour des aydes a toujours gouverné le Collége du vivant de son fils, etoit-il foible d'esprit? le Principal fut condamné par arrest de fevrier 1626 a recevoir 4 boursiers, il n'en avoit aucun, et a leur donner a chacun 155" par an. il reunit au domaine du Collége les terres situées a Vanves; il aliena 18 toises du terrain du Collége pour agrandir l'Hôtel de Thou, jaques Auguste de Thou fut l'acheteur moiennant 400" une fois payés pour les reparations du Collége et de la Chapelle, a 50" de rente a perpetuité, mais le contrat est du 15 may 1613. en 1624 jaques Auguste de Thou fils de l'acquereur faute de payement de la rente, la reprit et hipotequa au Collége une pareille rente sur sa maison. Le 18 may 1621 la maison de la rue St Honoré, qui avoit été alienée, fut reunie au domaine du Collége, a la poursuite de

Jean Martineau Chapelain du Collège. Un tel gouvernement a duré 27 ans. Charles Du Lis mourut le 26 Juillet 1629 âgé de 44 ans, et fût enterré dans la Chapelle du Collège.

20. Geofroy de Rochefort Docteur de Sorbonne Grand Vicaire d'Auch luy succeda le 21 Juillet de la même année; trois ans après ayant un procès a essuier pour cette place, il la ceda et se retira à Auch.

21. Gervais le Noir Licentié en Droit, avec les droits cedés de son predecesseur, son Oncle maternel, obtint la Principalité sur Jean Martineau Chapelain du Collège le 19 fevrier 1635, ses provisions sont du 31 mars 1632. il la tient 46 ans sans y souffrir la plûpart du tems aucun boursier. Le Collège étoit alors dans une telle obscurité qu'il n'étoit point connu, même dans la rue où il est situé. Ce Principal fût condamné le 27 janvier 1673 a mettre un écriteau sur la porte, et a rendre compte des revenus; faute d'avoir executé ce dernier article, ses heritiers après plusieurs procedures, consentirent un arrest le 27 sept.bre 1686 par lequel ils sont obligés de donner au Collège 14500.# tant en argent qu'en une rente sur les aides et gabelles, qui ont servy en partie à le rebâtir, et à luy ceder la bibliotèque qui y est aujourd'huy. il a reuni au domaine du Collège la grande maison de la rue des poitevins en 1649. Il mourut le 14 septembre 1678, et fût enterré au noviciat des Jesuites où il avoit choisi sa sepulture. Il a legué a l'hôpital des incurables 700.# de rente pour un annuel perpetuel, et pour la fondation d'un lit pour un pauvre de la paroisse de Boissy le sec, hameaux et lieux circonvoisins, et à leur deffaut, de la paroisse de S.t André des Ars, a la nomination du Curé de S.t André et du Principal du Collège de Boissy.

22. Guillaume Hodey Prêtre ariere petit neveu de Claude de Saintes boursier puis Chapelain du Collège, fût elu Principal le 16 septembre 1678. Cette election fût disputée par le S.r Houmain de Courbeville se disant Coadjuteur, par le Sieur Simon de Magny Docteur de la maison et Société de Sorbonne, depuis Doien de S.t Martin de Tours mort nommé a l'Evêché d'Oleron, pourvu de la Principalité par le S.r Loisel Chancelier de N. Dame, et par le S.r Fougerange ancien boursier nommé par le Tribunal du Recteur de l'Université. Le Collège avoit laissé interrompre le droit d'élire le Principal depuis plus de 200 ans, ce droit fût retably par sentence du Châtelet dont il n'y a point eu d'appel, le 10 avril 1688 et l'election fût confirmée par M.e Coquelin Chancelier de N. Dame, et par Dom Leon Hinselin Prieur des Chartreux le 10 octobre de la même année. Guillaume Hodey a fait rebâtir en 1689 une grande partie du Collège, une maison entiere et partie d'une autre rue des poitevins, et a reparé celle de la rue S.t honoré, il a été pour cela obligé d'emprunter de l'argent et de constituer

des rentes que son successeur a remboursé en 1719, tant du remboursement de la rente sur les aides et gabelles cedée par les heritiers de M.r le Noir, que d'autres deniers. Il a rendu compte des revenus du Collège qu'il a laissé en bon etat. Il a fait dresser une grande Carte genealogique de la famille des Fondateurs, qui a été imprimée et omologuée par arrest du 29 juillet 1680. il avoit composé une histoire du Collège, remplie d'extraits et de copies de titres et autres pieces, que l'on garde dans les archives. On a jugé a propos d'en faire un precis pour eviter la depense. Il a aussi fait graver 16 planches sur cuivre contenantes les differentes branches de la genealogie des Fondateurs. On en a reformé quelques-unes, et on a adjouté les alliances nouvelles qui n'y étoient pas. Il a jouy de la Principalité plus de 37 ans, et par son testament il a fondé une sixieme bourse pour les descendans de ses Neveux et Nieces, et a leur deffaut pour les parens de la famille des Fondateurs, et a laissé pour cela un contrat sur les aides et gabelles de 400.# reduit aujourd'huy a 250.# Il est mort le 4 février 1717, et est inhumé dans la Chapelle du Collège.

23. Henry Vassoult Prêtre boursier puis Chapelain du Collège, fût elu Principal le 5 fevrier 1717. l'election fût confirmée le 13 du même mois par Mons.r Vivant Chancelier de N. Dame, et par Dom Jerôme Ricard Prieur des Chartreux.

GENEALOGIE
DE LA FAMILLE DES FONDATEURS DU COLLÉGE DE BOISSY.

Nous avons fait voir quels etoient les Fondateurs du Collége de Boissy, l'on ignore le veritable surnom du premier, et l'origine de l'un et de l'autre, c'est pourquoy ils n'ont pu trouver place dans les Tables Genealogiques. C'etoit souvent l'usage de leur temps de porter le nom de sa Seigneurie ou du lieu de sa naissance, au lieu de son veritable nom, nous en pourrions citer un grand nombre d'exemples; Estienne Vidé, neveu maternel de Godefroy de Boissy, prend le surnom de Boissy apres la mort de son Oncle, comme si son oncle luy laissoit ce nom par succession. Les anciens Statuts portent que le Collége fut nommé du lieu de l'origine des Fondateurs, de leur nom et surnom. Domum scolarium a suæ originis loci, proprij nominis, & cognominis denominatione nuncupatam .... fundaverunt. Godefroy de Boissy avoit un frere surnomé Robertus Alueti, sur ce pied il auroit falu qu'il eut porté le nom d'Aluet, cependant Du Breuil dans son Livre des Antiquités de Paris raporte que les Fondateurs du Collége de Boissy portoient le surnom de Chartier et etoient de l'ancienne famille des Chartiers. Simon Chartier et Michel Chartier duquel nous avons parlé l'un et l'autre boursiers, sont qualifiés de la lignée des Fondeurs du Collége dans deux contrats de l'année 1471, et ce meme Michel Chartier, qui fut depuis Principal, est nommé dans son epitaphe que nous avons raporté, fundantum ex stirpe. quoy qu'il en soit, la famille des Chartier est en possession du Collége de Boissy depuis pres de trois siecles.

Les deux personnes suivantes, du nom et de la famille des Chartier, n'ont pu non plus avoir rang dans les Tables genealogiques, parceque l'on ignore leurs peres et meres.

Alain Chartier Clerc et Secretaire des Roys Charles 6 et Charles 7, fameux Poete et Historien, surnommé le pere de l'eloquence françoise, obtint en dormant une faveur particuliere de Marguerite d'Ecosse alors Dauphine puis Reine de France Femme de Louis onze. André Duchesne dans l'epitre dedicatoire de ses Oeuvres qu'il a revu et corrigé, felicite Mr. Molé sur son extraction maternelle de la famille des Chartier et luy dit qu'il est reconnu le plus proche de la lige des Chartiers ses progeniteurs. Alain Chartier naquit en 1386 comme il le dit luy meme, et mourut en 1458 au raport d'André Duchesne.

Guillaume Chartier fut un des premiers Clercs ou boursiers que Charles 7 fit elever en l'Université de Paris, où il fut reçu Docteur en l'un et l'autre Droit. Il fut nommé en 1432 pour professer cette science à Poitiers où le meme Roy venoit d'etablir une Université. Il fut ensuite Chanoine de Paris, Conseiller au Parlement, puis Evêque de la meme ville en l'année 1447. Il est inhumé dans la Cathedrale de Paris où l'on voit cette Epitaphe. Hic jacet Reverendus in Christo Pater D. Guil. Chartier utriusque juris professor famosissimus, qui vita, verbo, & exemplo commissi gregis vigilans pastor, pius ad pauperes, largitor in Clero, & populo mitissimus pacificusque, qui 24° anno assumptionis suæ ad

Ecclesiam parisiensem per viam Spiritus Sti feliciter quievit 1472. 1.º martij.

 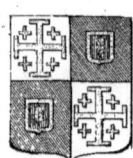

Alain Chartier fiscalin du Roy Philipe premier, epousa Tiphaine le Maire, fille d'Eudes le Maire Chastelain d'Estampes, et Valet de Chambre du meme Roy, vers la fin du onzieme siecle. Cet Eudes le Maire fut le seul qui s'offrit d'accomplir le voeu du Roy son maitre, et d'aller armé de pied en cap visiter le St. Sepulcre de Jerusalem. A son retour le Roy luy donna la terre de Chalo St. Mard pres d'Etampes, dont sa posterité a jouy fort longtemps, et luy accorda un privilege qui exemptoit de tous subsides ses enfans masles et femelles, etant mort sans enfans masles ses filles et leurs descendans en ont jouy plus de cinq siecles. Une sentence des Mrs ordinaires des requestes de l'Hôtel du Roy conservateurs des Privileges, du 12 mars 1532 confirme le meme privilege en faveur de la famille des Chartier. Henry quatre a revoqué ce Privilege et tous les autres comme contraires aux droits de la Couronne.

D'Alain Chartier et de Tiphaine le Maire est descendu Robert Chartier duquel il est parlé dans le Cartulaire de l'Eglise de Chartres, qui epousa Jaqueline de St. Arnould en Iveline, de qui est venu

Jean Chartier premier du nom, duquel il est aussy parlé dans les actes du meme Cartulaire en l'année 1290 duquel est sorty

Jean Chartier deuxieme du nom vivant es années 1330 et 1350 de qui est issu

Guillaume Chartier dit Guillemin, qui epousa Agnes ...... de qui est descendu

Simon Chartier qui fut Pere de

Michel Chartier Seigneur d'Alainville, qui epousa Catherine pat., celuy la mourut en 1483, et celle cy en 1504, et sont enterrés dans le grand cimetiere d'Orleans. De ce mariage, outre

Michel Chartier Principal du Collége de Boissy, sont issus Simon et Julien Chartier, Marie et Perine Chartier, dont la posterité sera representée dans les tables suivantes.

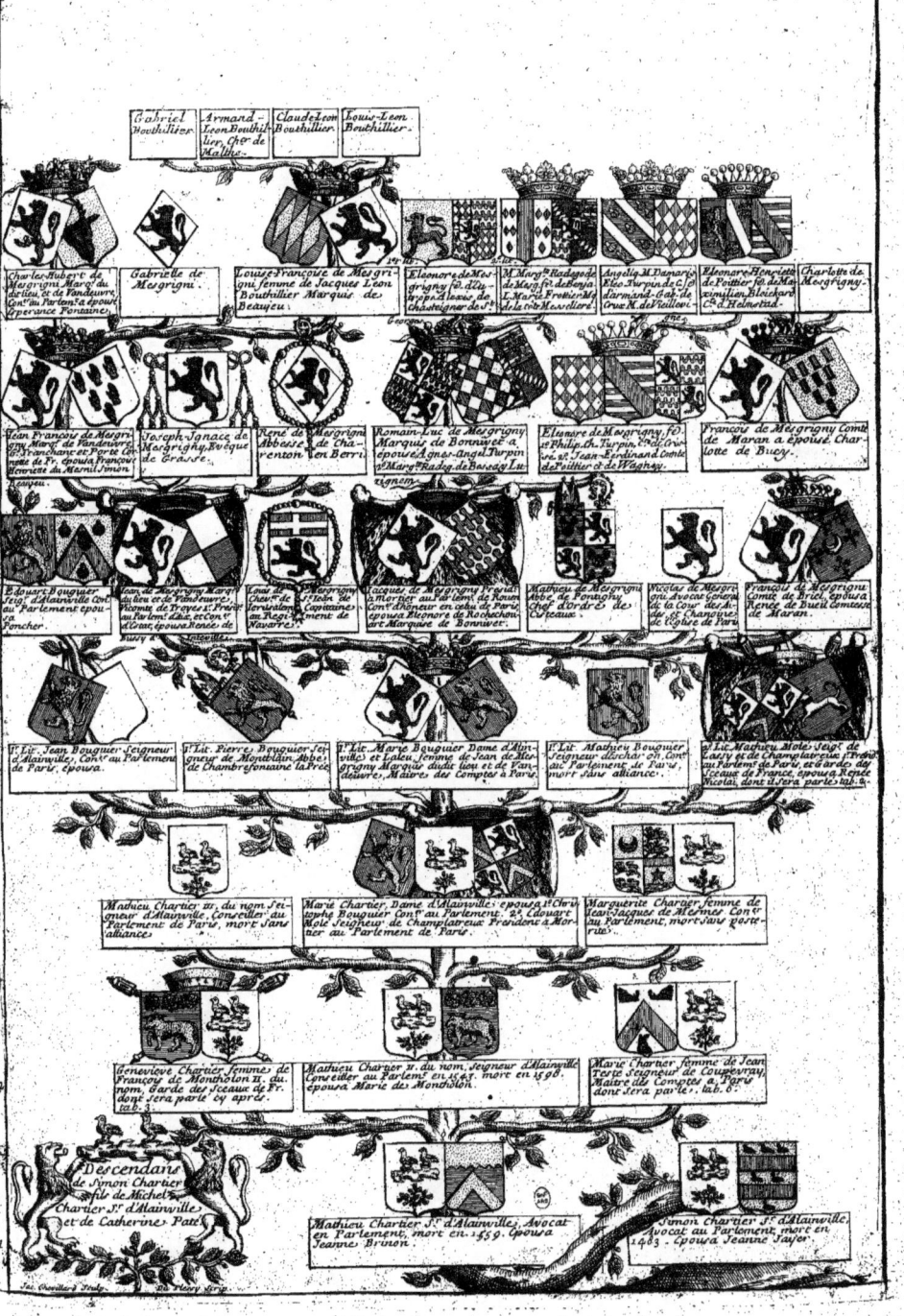

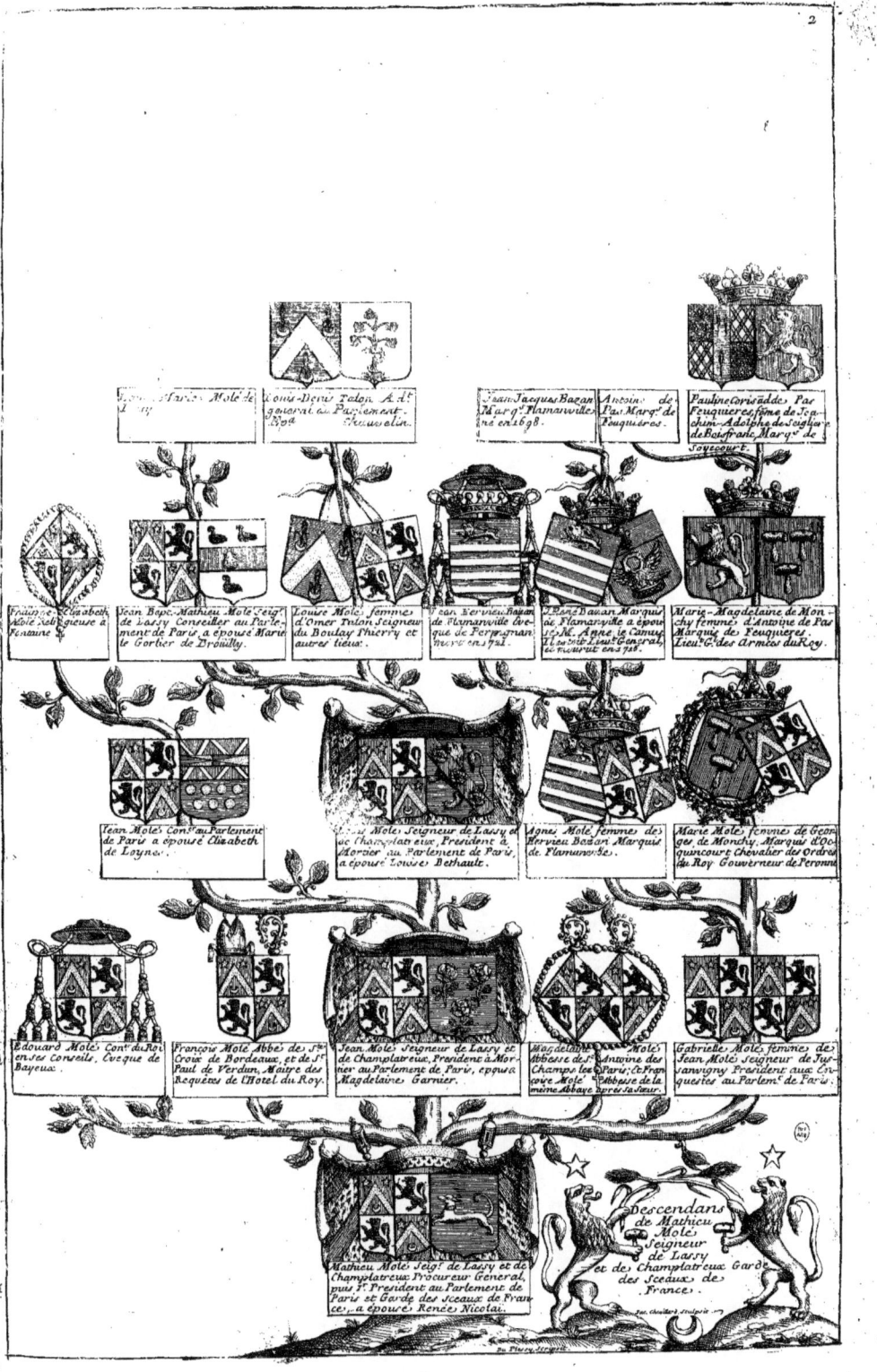

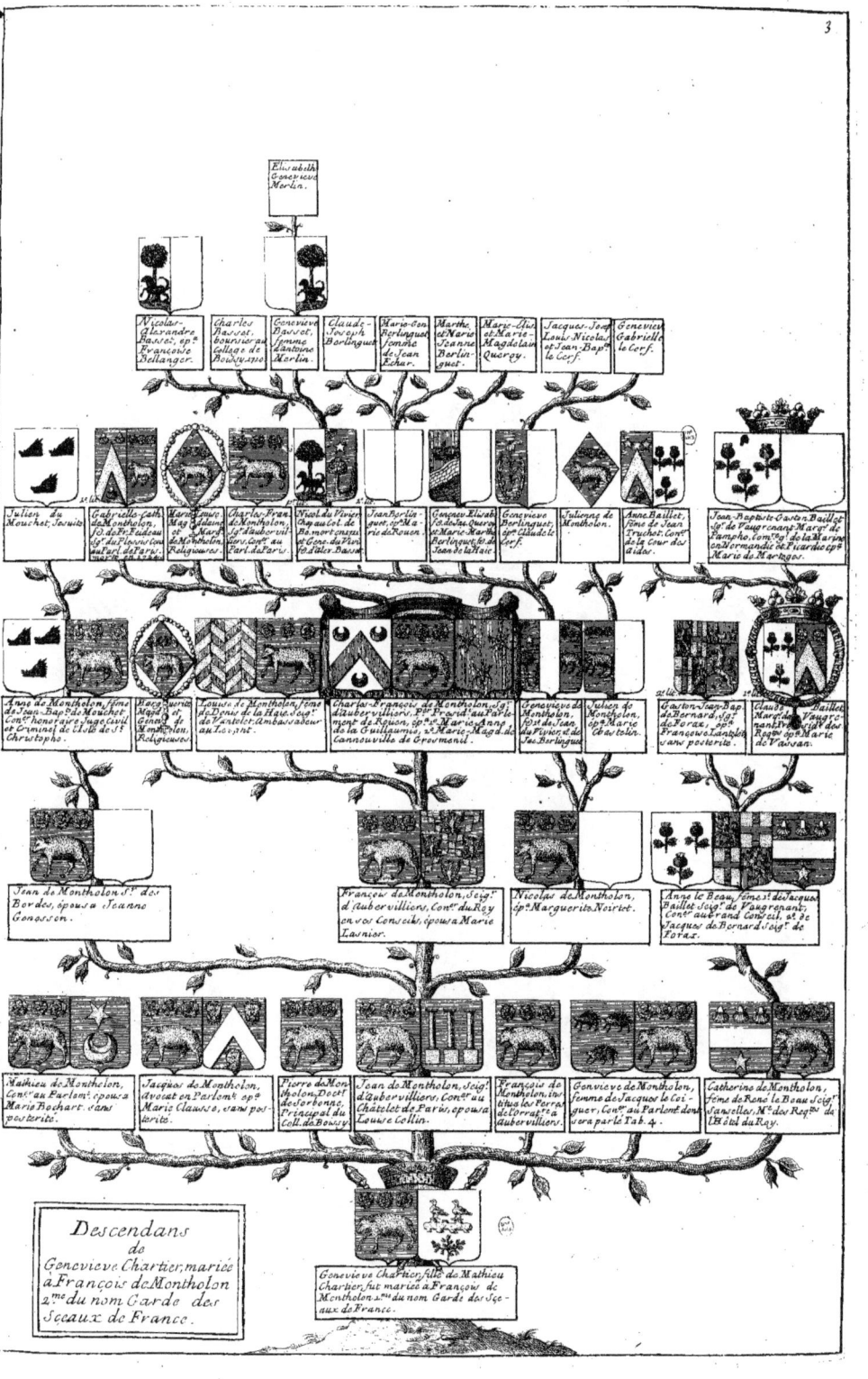

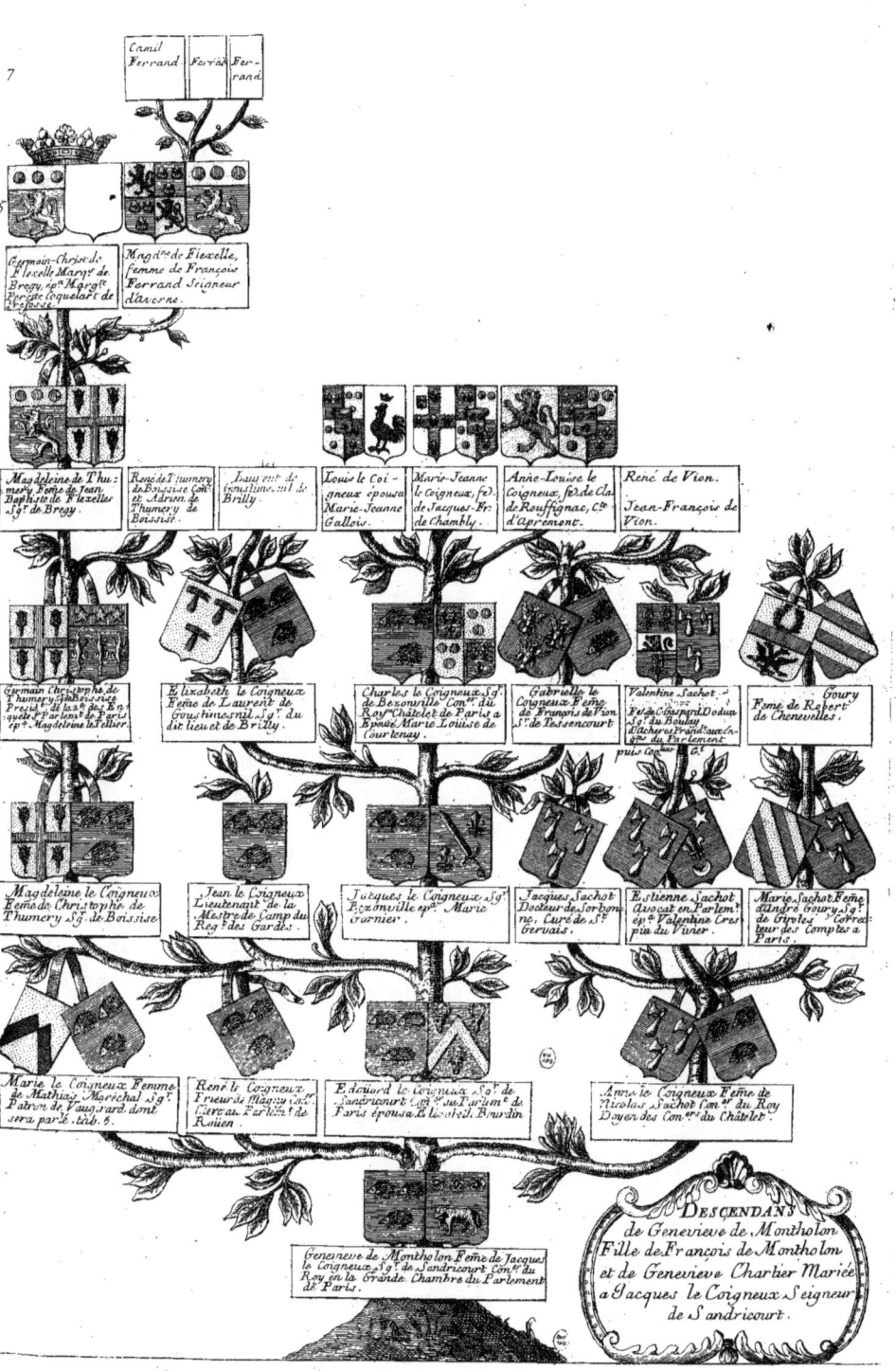

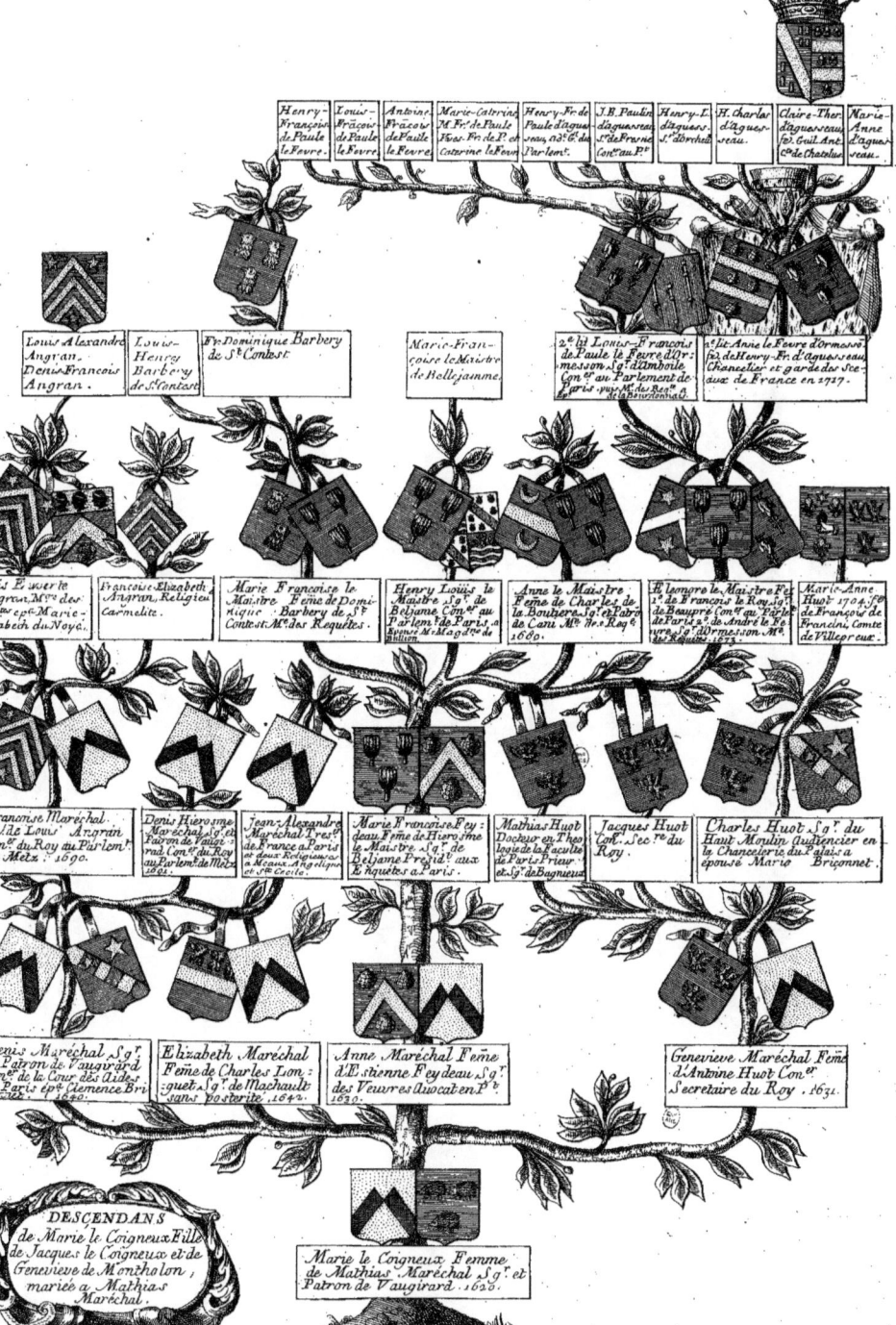

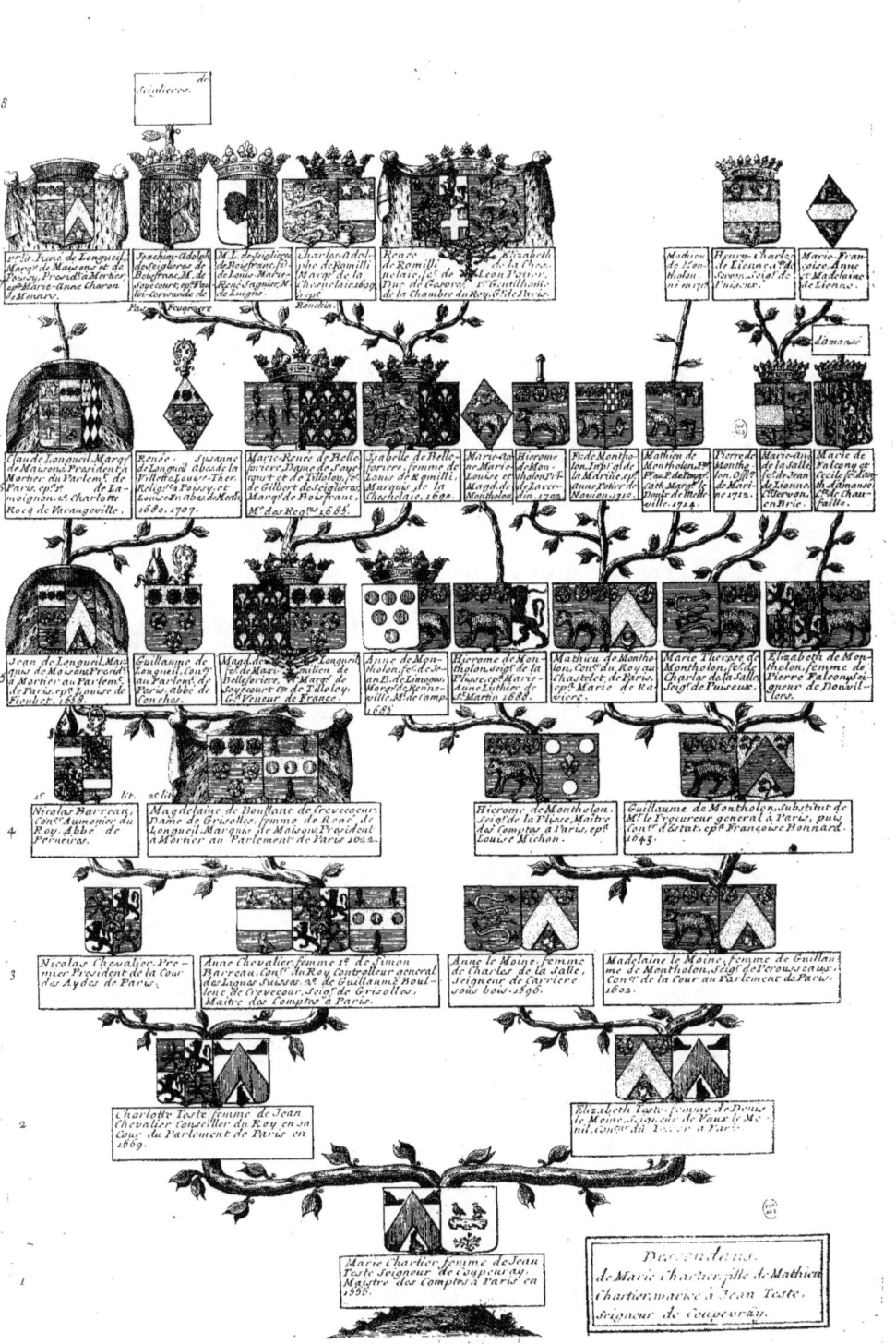

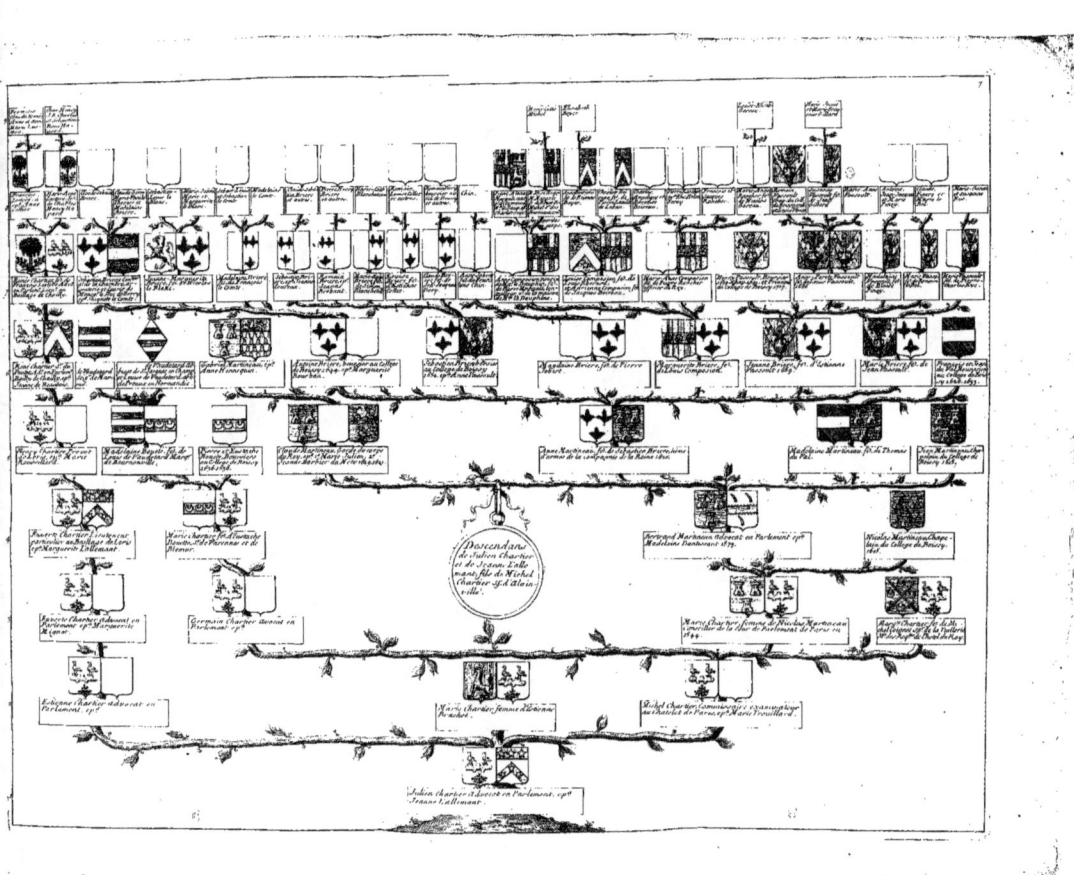

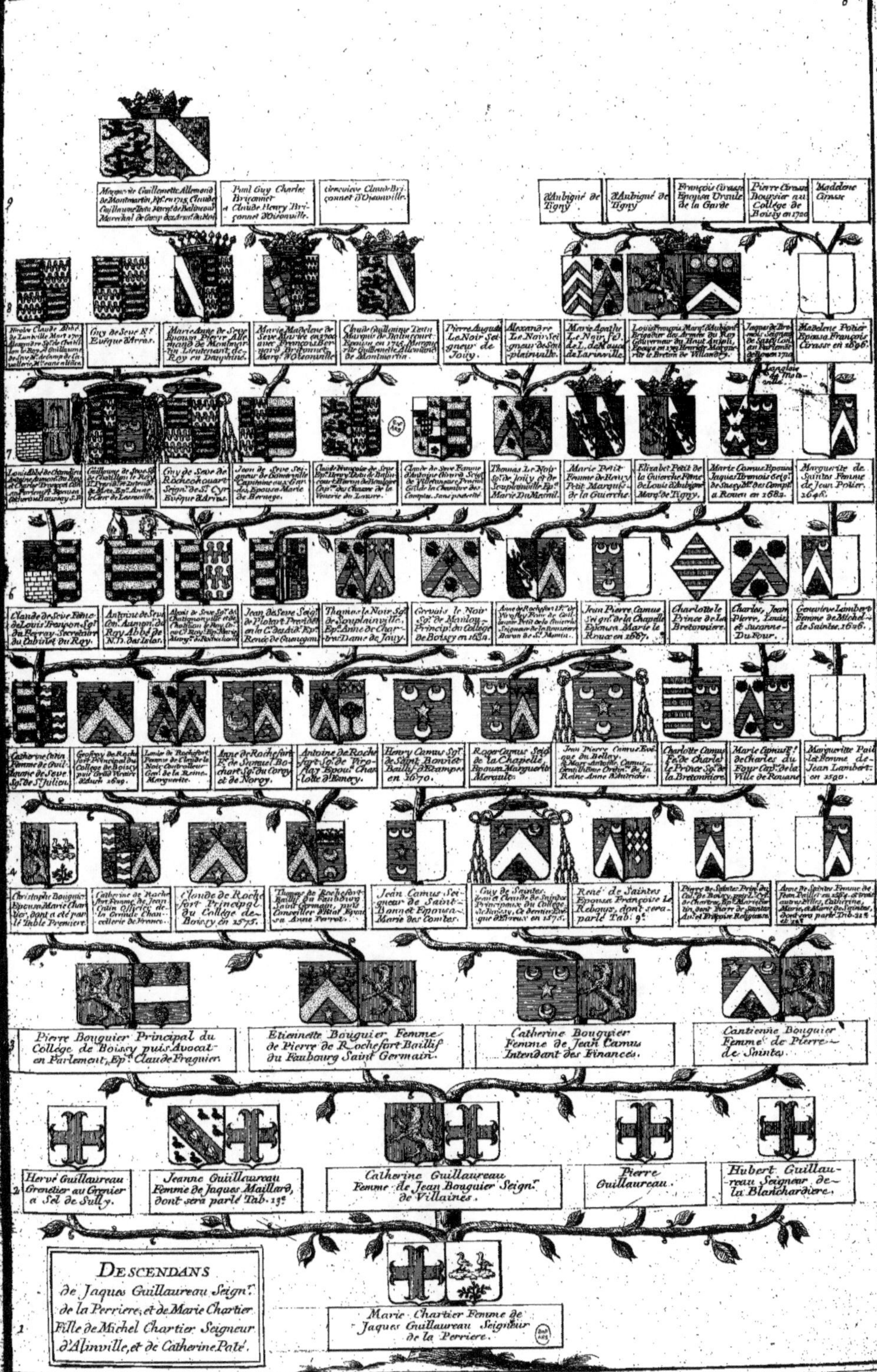

Descendans de Jaques Guillaureau Seigneur de la Perriere, et de Marie Chartier Fille de Michel Chartier Seigneur d'Alinville, et de Catherine Paté.

[Genealogical chart with coats of arms. Principal named figures include:]

- Marguerite Guillaureau Allemand de Montmartin, f^e de Mre Claude Guillaume Testu S^{gr} de Balincour Marechal de Camp des Armées du Roy.
- Paul Guy Charles Briçonnet
- Claude Henry Briçonnet d'Hauonville
- Geneviève Claude Briçonnet d'Hauonville
- d'Aubigné de Tigny
- d'Aubigné de Tigny
- François Girard de la Garde
- Pierre Girard au College de Boisy en 1702.
- Madelene Girard

- Gui de Seve Ev^q. Evesque d'Arras.
- Marie Anne de Seve Espouse de Pierre Allemand de Montmartin Lieutenant de Roy en Dauphiné.
- Marie Madelene de Seve Mariée en 1res Nôces a François Bernard de Guillaume Allemand Marq^y d'Hauonville.
- Claude Guillaume Testu Marquis de Balincourt.
- Pierre Auguste Le Noir S^{gr} de plainville.
- Alexandre Le Noir S^{gr} de Jouy.
- Marie Agathe Le Noir f^e de L^s. Auguste de Larivière.
- Louis François Marie d'Aubigné, Esc^r d'Aubigné Gouverneur des Royale Escoles, Frere de la Marq^{se} de Main^{on} Brise de Villaumi^y.
- Jaques le B^r.
- Madelene Potier Espouse François Girard en 1696.

- Louis Abel de Sève Vte de Laroche Mort en Duel avec Beauverger Espl^t de Guillemette Allemand d'Hauonville.
- Guillaume de Seve S^{gr}. de Chasteilus & Roy d'armes de l'ordre du S^t. Esprit.
- Guy de Seve S^{gr}. de Rochechouart S^{gr} du S^t. C^{le} Evesque d'Arras.
- Jean de Seve Seig^r de Dimanville Capitaine au S^t de l'Espouse Marie de Bruges.
- Claude Monique de Seve Femme de Mre Henry Testu de Balincour Chevalier de l'ordre du Roy.
- Claude de Seve Femme d'Antoine de Flescelle Seig^r. de Villeneuve, Premier de Chartre d'eau Compte Ceant presente.
- Thomas Le Noir S^{gr} de Jouy et de Druplainville f^e de Marie Du Mesnil.
- Marie Petit de Guierche femme de Pierre Petit S^{gr}. de la Guerche.
- Elisabet Petit de Guierche Ep^{se} de Louis Adrian Marq^y de Tigny.
- Marie Camus Espouse Jaques Diromani l^q. P. Mar^y b^l. de Comp^{ie}. de Rouen en 1682.
- Marguerite de Pont f^e de Jean Potier 1648.

- Claude de Seve Fille de Louis François Esp^{se} de Bernay Secretaire du Cab^t du Roy.
- Antoine de Seve Ab^e. Aumon^r. du Roy N.D. de Jouy.
- Alexis de Seve S^{gr} de Chastignonville Chastelain de Guy l'Espouse Marie Renée de Ginessin.
- Jean de Seve Seig^r de Flotte, President au Conseil du Roy.
- Thomas Le Noir S^{gr} de Monloy, Epouse de Chartre Dame de Jouy.
- Gervais Le Noir S^{gr} de Menloy Principal du College de Boisy en 1632.
- Anne Petit Veuue de Pierre Petit Seig^r. de la Guerche, Premier du Conseil, Dame de S^t. Martin.
- Jean Pierre Camus l'Evesque de Belley Espouse Marie de Rouen 1687.
- Charlotte le Prince de Bretonvière.
- Charles Jean Pierre, f^e de Jeanne du Four.
- Gouverne Lambert femme de Michel la Sainte 1606.

- Catherine Ferin femme de Guillaume de Seve S^{gr} de St Julien.
- Geoffroy de Rochefort Ch^{er}. S^{gr}. de Rupincy.
- Louise de Rochefort Esp^{se}. de Samuel Bellanger Ch^{er}. Sgr du St Esp^t.
- Anne de Rochefort f^e. de Norey.
- Antoine de Rochefort S^{gr} de Ray Ep^x. Charlotte d'Honcy.
- Henry Camus S^{gr}. de Sainte Bouvril P. Evesq^{en} 1670.
- Roger Camus S^{gr}. de la Chapelle Espouse Marguerite Merault.
- Jean Pierre Camus Evesque du Belley, S^{tr}. Guy de l'Espouse Confesseur de la Reine Anne d'Autriche.
- Charlotte Camus Esp^{se} de Charles le Prince S^{gr} de la Bretonvière.
- Marie Camus, f^e de Charles du Four Cap^e de la Ville de Rouen.
- Marguerite Paté f^e de Jean Lambert en 1590.

- Christophe Bouguier Riche marchand Char^d dont est chef la Table Premiere.
- Catherine de Rochefort f^e. de Thomas Briçon, Officier de Chancellerie de France.
- Claude de Rochefort Principal du College de Boisy en 1575.
- Thomas de Rochefort f^e. de Samuel Bouguier Officier de Roy, Ep^x. sa Anne Perret.
- Jean Camus Seigneur de Sainbon Dame Espouse Marie des Comtes.
- Guy de Sautes Principal du College de Boisy, ci Devant Docteur qu'il lit vers en 1575.
- Renée de Saintes l'Espouse François le Rebours, dont sera parlé Tab 9.
- Pierre de Sylvestre, Prior du S^t. de Jean Pierre de Saintes Avocat Prescher Religieux.
- Anne de Sylvestre, Femme de Thos Feillet en 1690, dont Marie, Catherine, Marie la Rd et d'Anglais Religieux dont sera parlé Tab 31.

- Pierre Bouguier Principal du College de Boisy puis Avocat en Parlement, Ep^x. Claude Fraguier.
- Etiennette Bouguier Femme de Pierre de Rochefort Bailliff du Faubourg Saint Germain.
- Catherine Bouguier Femme de Jean Camus Intendant des Finances.
- Cantienne Bouguier Femme de Pierre de Saintes.

- Hervé Guillaureau Grenetier au Grenier a Sel de Sully.
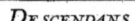
- Jeanne Guillaureau Femme de Jaques Maillard, dont sera parlé Tab 13e.
- Catherine Guillaureau Femme de Jean Bouguier Seign^r. de Villaines.

- Pierre Guillaureau.
- Hubert Guillaureau Seigneur de la Blanchardière.

- Marie Chartier Femme de Jaques Guillaureau Seigneur de la Perriere.

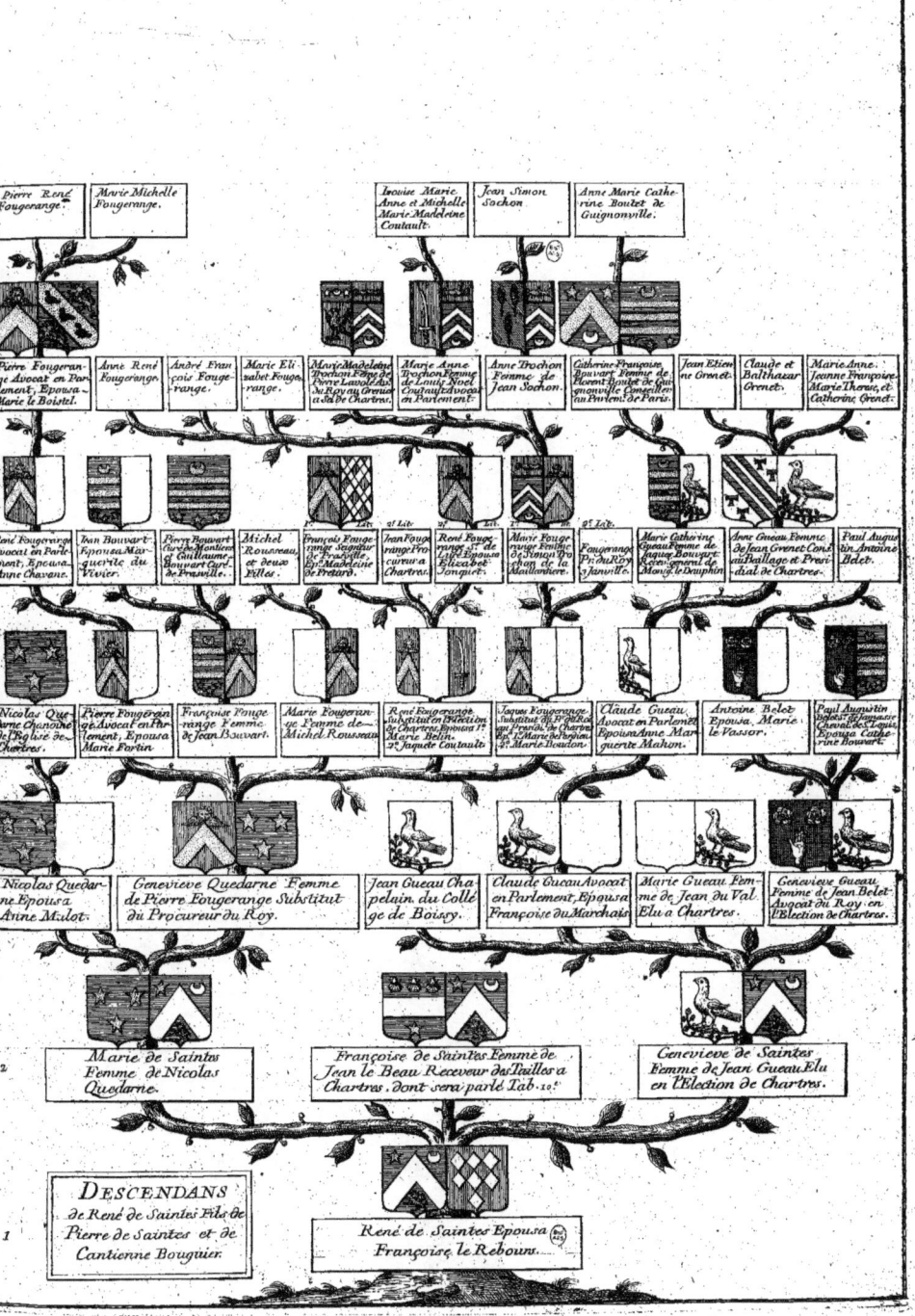

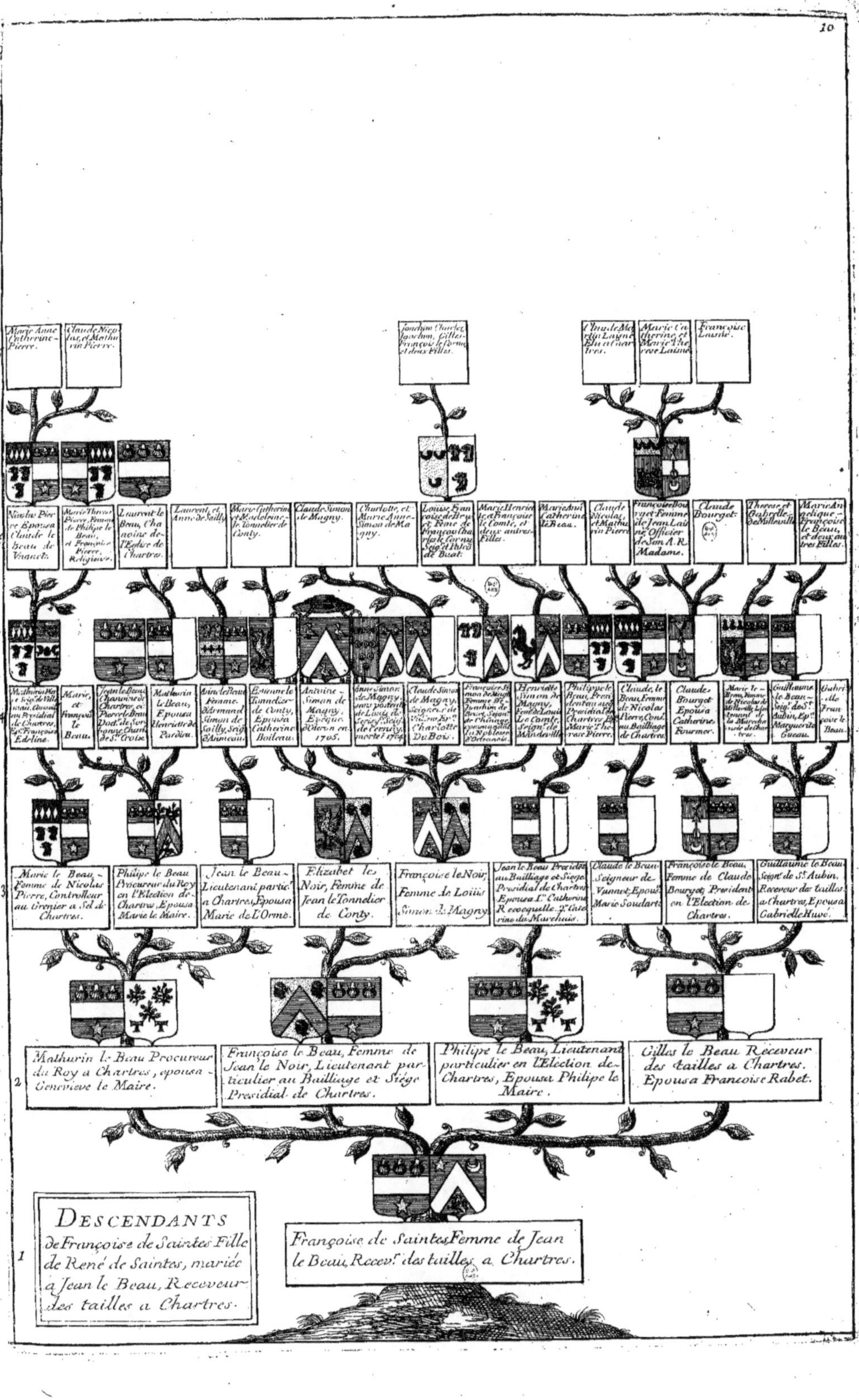
DESCENDANTS de Françoise de Saintes Fille de René de Saintes, mariée a Jean le Beau, Receveur des tailles a Chartres.
Françoise de Saintes Femme de Jean le Beau, Recevr. des tailles a Chartres.
Mathurin le Beau Procureur du Roy a Chartres, epousa Genevieve le Maire.
Françoise le Beau, Femme de Jean le Noir, Lieutenant particulier au Bailliage et Siége Presidial de Chartres.
Philipe le Beau, Lieutenant particulier en l'Election de Chartres, Epousa Philipe le Maire.
Gilles le Beau Receveur des tailles a Chartres. Epousa Françoise Rabet.
Marie le Beau, Femme de Nicolas Pierre, Controlleur au Grenier a Sel de Chartres.
Philipe le Beau Procureur du Roy en l'Election de Chartres, Epousa Marie le Maire.
Jean le Beau Lieutenant partic. a Chartres, Epousa Marie de l'Orme.
Elizabet le Noir, Femme de Jean le Tonnelier de Conty.
Françoise le Noir, Femme de Loüis Simon de Magny.
Claude le Beau Seigneur de Vunnet, Epousa Marie Soudart.
Françoise le Beau, Femme de Claude Bourget, President en l'Election de Chartres.
Guillaume le Beau Seigr. de St. Aubin, Receveur des tailles a Chartres, Epousa Gabrielle Huvé.
Marie, et Françoise le Beau.
Mathurin le Beau, Epousa Henriette de Pardieu.
Estienne le Tonnelier de Conty, Epousa Catherine Boileau.
Antoine Simon de Magny, Evêque d'Oleron en 1705.
Claude Bourgot Epousa Catherine Fourmer.
Gabrielle Françoise le Beau.
Laurent le Beau, Chanoine de l'Eglise de Chartres.
Laurent, et Anne de Sailly.
Claude Simon de Magny.
Charlotte, et Marie Anne Simon de Magny.
Marie Anne Catherine le Beau.
Claude Nicolas, et Mathurin Pierre.
Claude Bourget.
Therese et Gabrielle de Milleville.
Marie Anne Catherine Pierre.
Claude Nicolas, et Mathurin Pierre.
Joachim Charles, Joachim, Gilles François le Cornu et deux Filles.
Françoise Laisné.

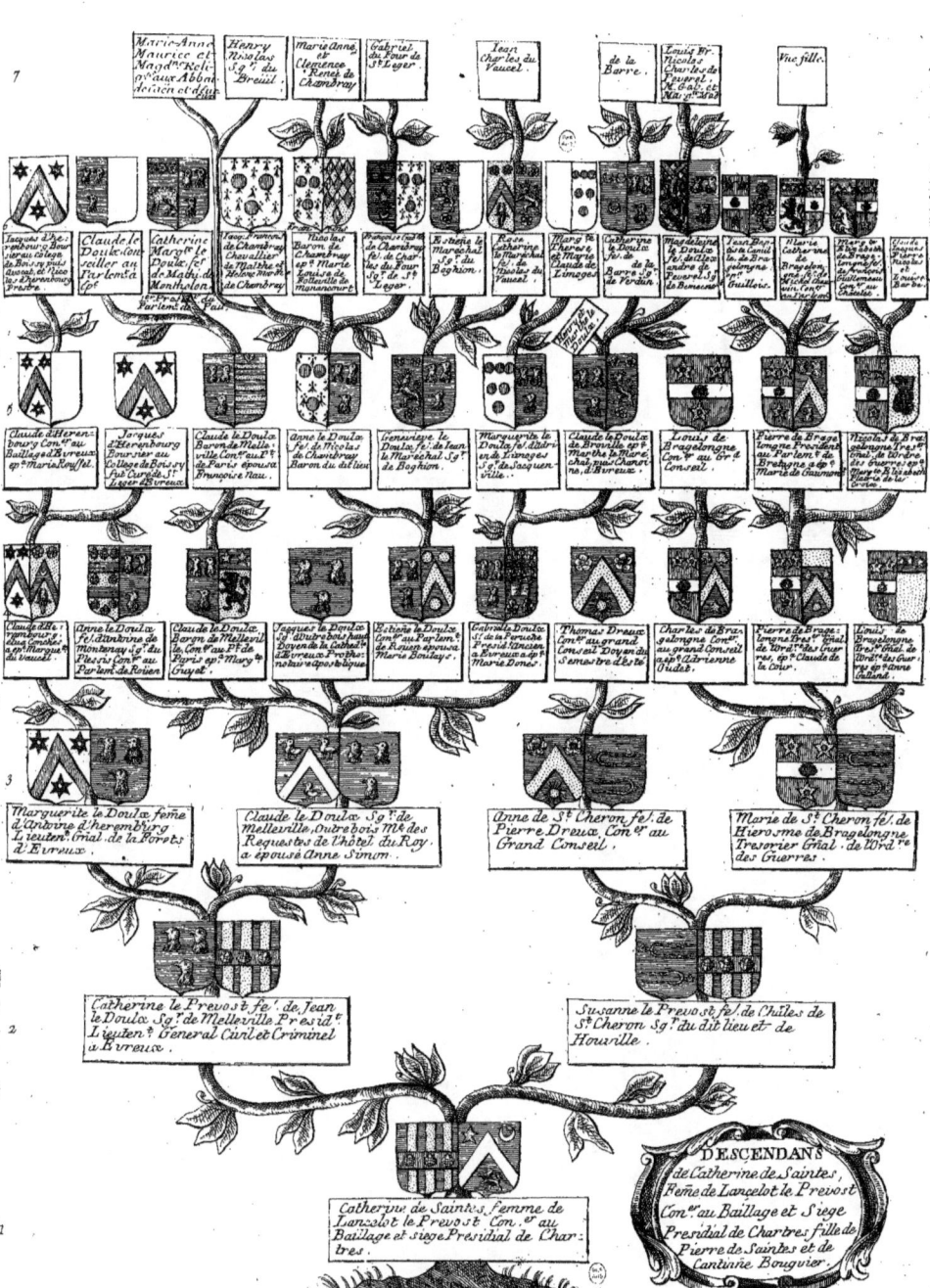

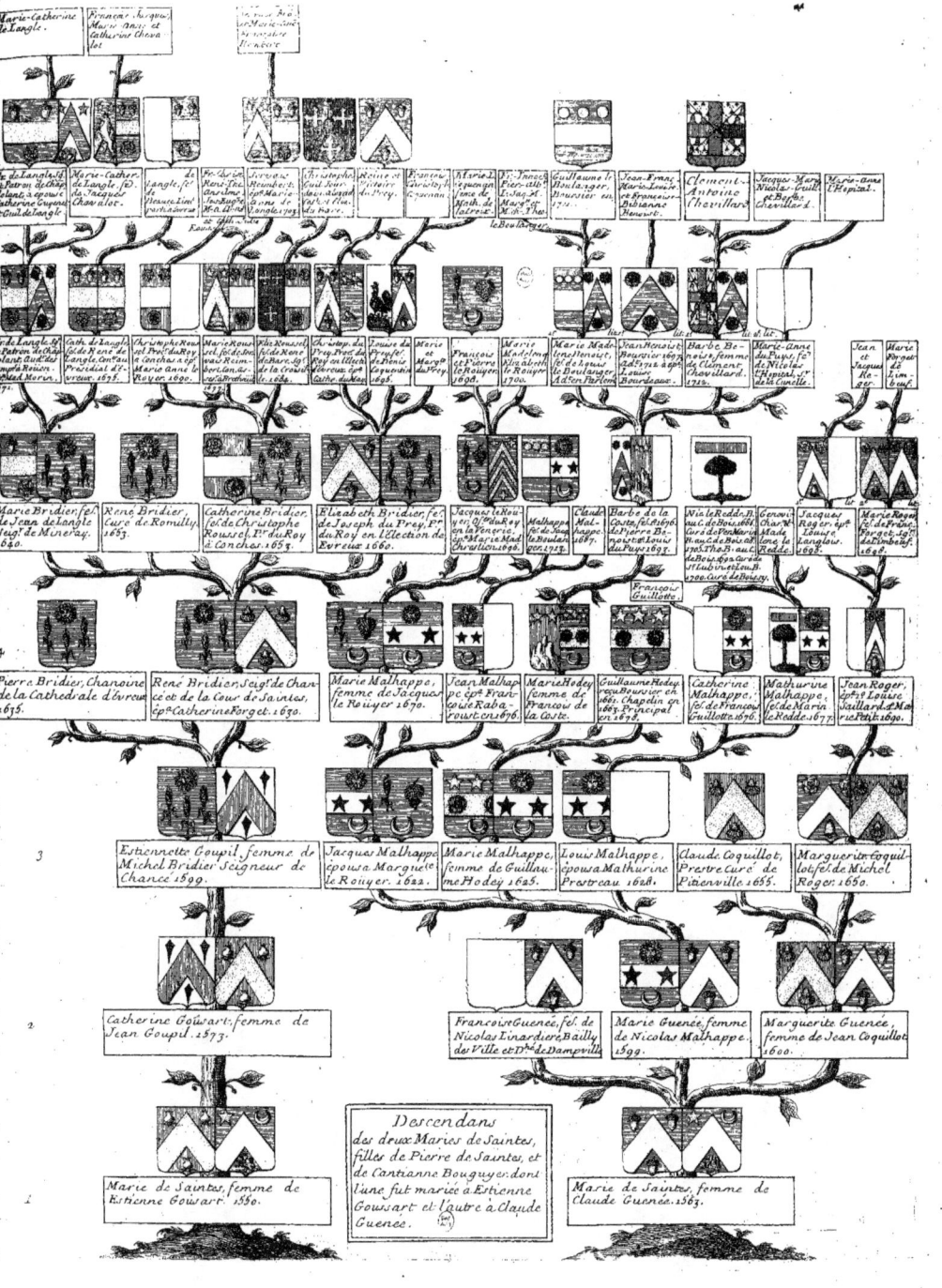

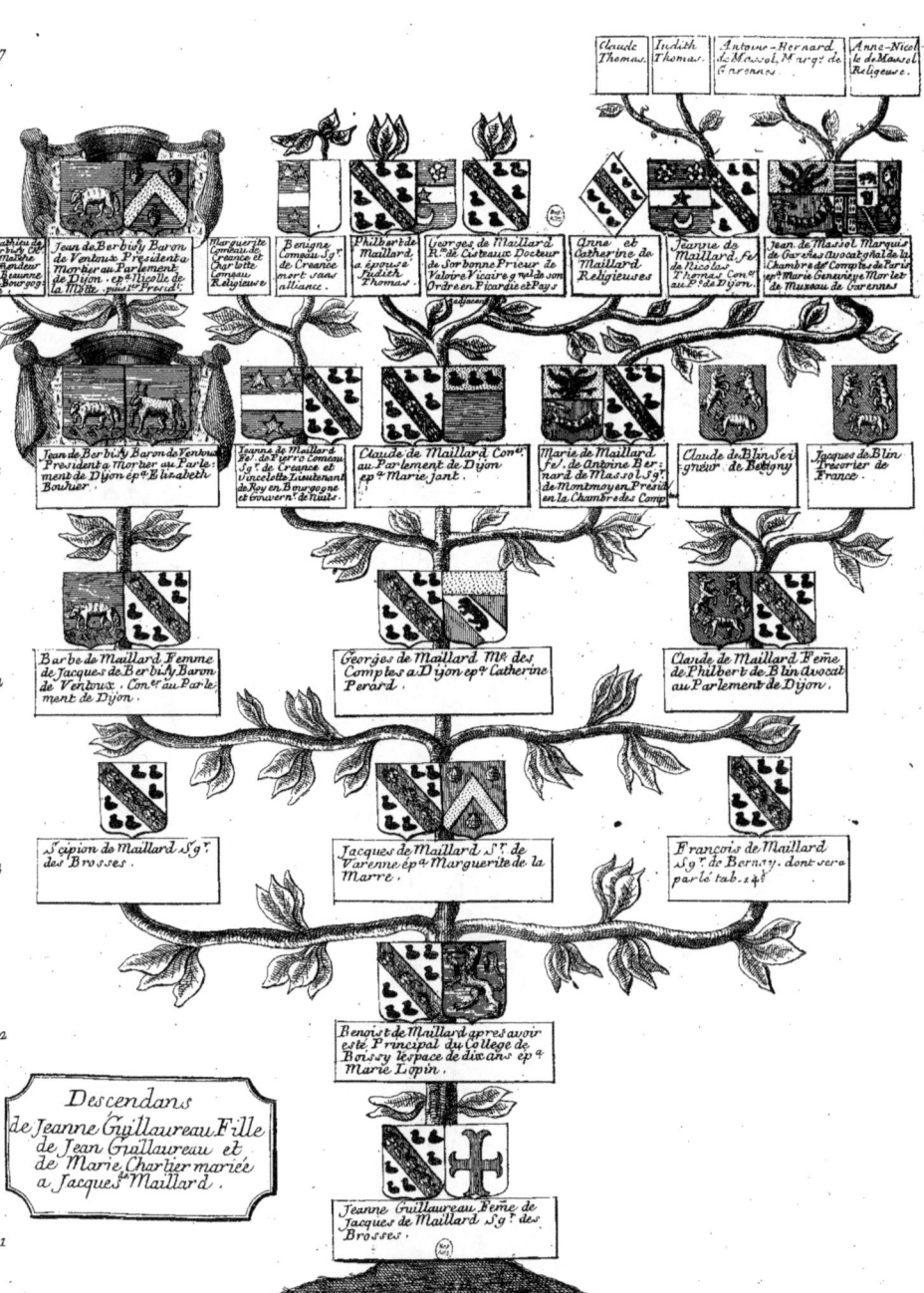

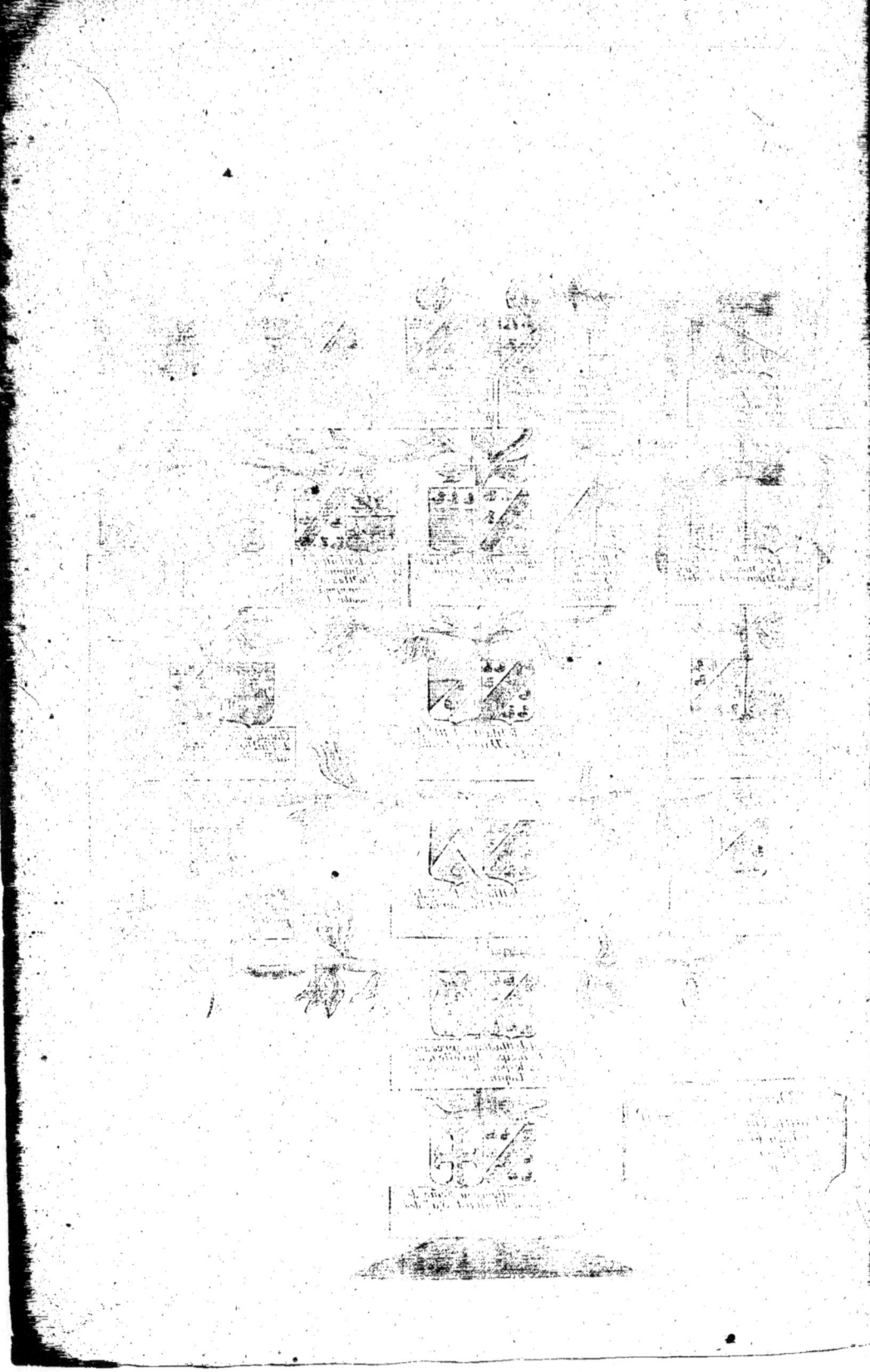

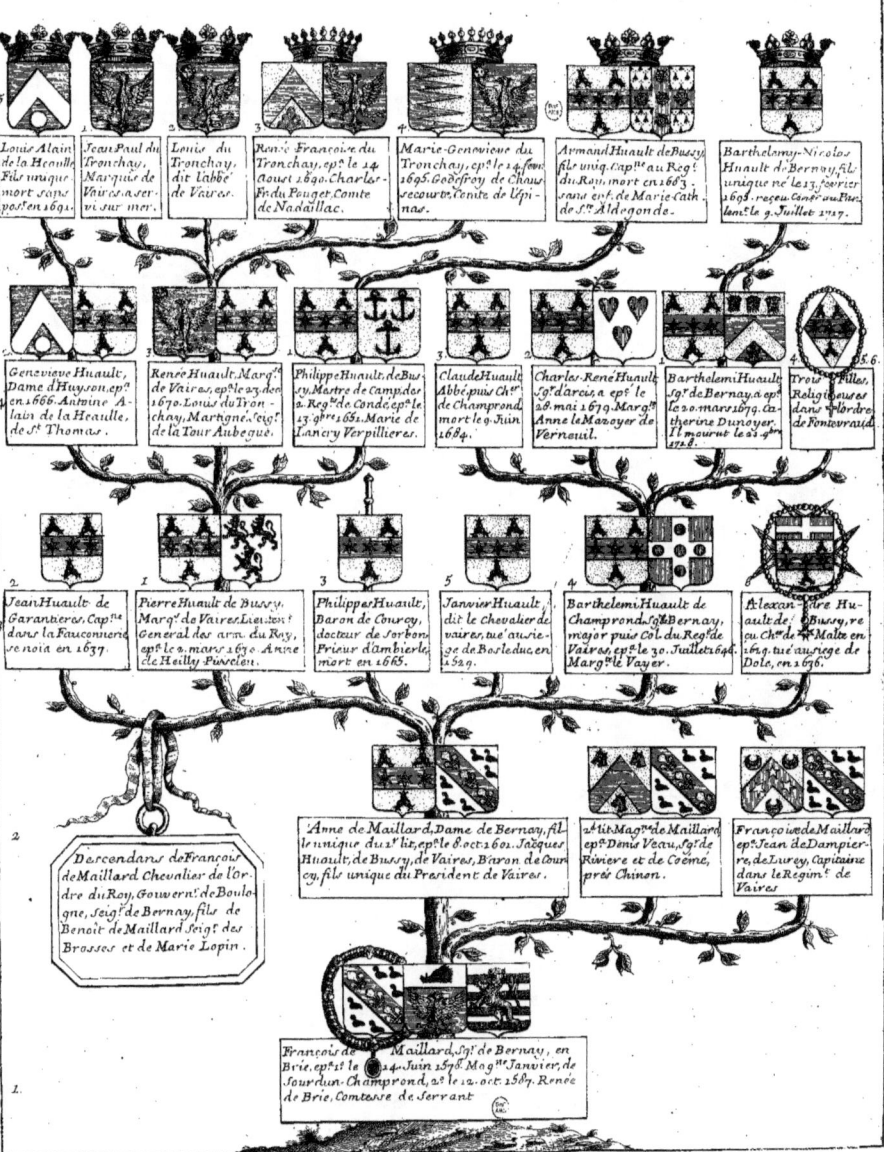

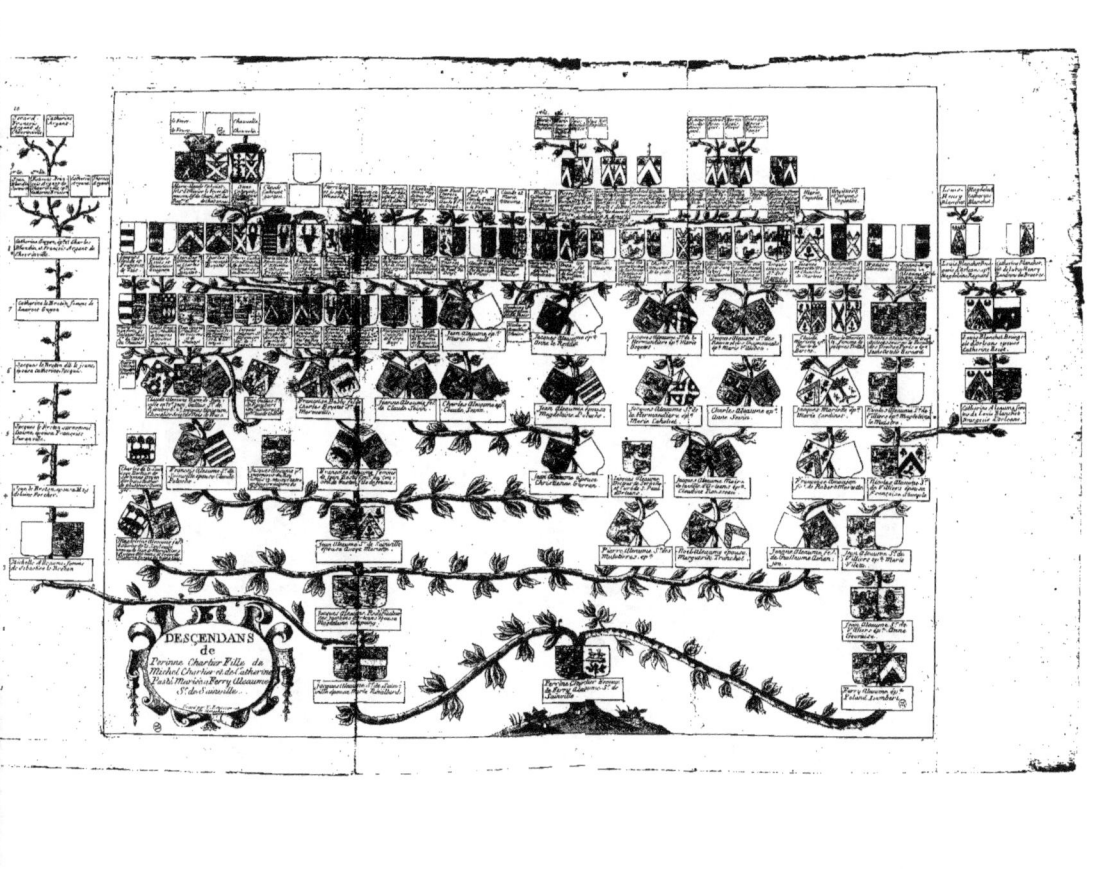

TABLE ALPHABETIQUE
DES NOMS ET SURNOMS
EMPLOYEZ DANS LES TABLES GENEALOGIQUES.

Le premier chifre marque la Table ; le second dénote le degré.

A

ALAIN Antoine 14. 4. Louis 14. 5.
Alcaume Antoine 15. 8. Charles 15. 5. * 15. 6. * 15. 8. * 15. 8. Claude 15. 8. * 15. 9. Ferry 15. 1. * 15. 2. François 15. 5. * 15. 8. * 15. 8. * 15. 8. Jacques 15. 2. * 15. 3. * 15. 5. * 15. 5. * 15. 5. * 15. 7. * 15. 7. * 15. 7. * 15. 8. * 15. 8. Jean 15. 3. * 15. 4. * 15. 5. * 15. 5. 6. * 15. 7. * 15. 7. Jean Claude 15. 8. Joseph François de Paule 15. 8. Nicolas 15. 5. * 15. 6. * 15. 7. Noel 15. 4. Pierre 15 4.
Anne 15. 8. * 15. 8. Avoie Marie 15. 8. Catherine 15. 6. * 15. 8. Claude 15. 6. Genevieve 15. 8 Françoise 15. 5. Jeanne 15. 4. * 15. 6. Jeanne Madeleine 15. 8. Madeleine 15. 4. * 15. 8. Marie 15. 4. * 15. 8. * 15. 9. Marie Françoise 15. 8. Marie Therese 15. 8. Michelle. 15 5.
Aligre Etienne d' 15. 8.
Allemand de Montmartin Pierre 8. 8. Marguerite Guillemette 8. 8. * 8. 9.
Amanien Guillaume 15. 4. Françoise 15. 5.
Amanté Antoine d' 6. 6. n. 6. 7.
Angran Denys François 5. 5. Louis 5. 5. Louis Euverte 5. 4. Louis Alexandre 15. 4. Françoise Elizabeth 5. 4.
Argant Etienne François 15. 9 Gerard François 15. 10. François 15. 8. Catherine 15. 9. * 15. 10. Therese 15 9.
Aubigné de Tigny Louis d' 8. 7. Louis François 8. 8. n. 8. 9. * 8. 9.

B

BAILLET Claude 3. 4. Jacques 3. 3. Jean-Baptiste Gaston 3. 5. Anne 3. 5.
Barbery de S. Contest Dominique 5. 4. François Dominique 5. 5. Louis Henry 5. 5.
Barbier de Mets Jeanne 7. 5.
Barc Christophe Guillaume de 12. 7. Jourdain Alexandre 12. 7. René 12. 6. Catherine 12. 7. Elizabeth 12. 7.
Barre de la n. 11. 6. * 11. 7.
Barreau Nicolas 6. 4. Simon 6. 3.
Basly Jean 15. 5. Françoise 15. 6.
Basset Alexandre 3. 5. Charles 3. 6. Nicolas Alexandre 3. 6. Genevieve 3. 6.
Baussay Catherine 8. 7.
Bazan Hernieu 2. 3. Jean Hernieu 2. 4. Jean Jacques 1. 5. Jean René 2. 4.
Beau Claude le 10. 3. Gilles 10. 2. Guillaume 10. 3. * 10 4. Jean 9. 2. * 10. 1. * 10. 3. * 10. 4. Laurent 10. 4. Mathurin 10. 2. * 10. 4. Philippe 10. 2. * 10. 3. * 10. 4. * 10. 5 Pierre 10. 4. Anne 10. 4. Claude 10. 4. * 10. 4. Gabrielle Françoise 10. 4. Françoise 10. 2. * 10. 3. * 10. 4. Marie 10. 3. * 10. 4. * 10. 4. Marie Angelique Françoise 10. 5
Beau de Sansselles René 8. 2. Anne 3. 3.
Beaubois Jeanne de 7. 6.
Beauce de n. 1. 2. 7.
Beausse Jerôme de 15. 7. Elisabeth 15. 8.
Bel Claude le 7. 8. Fiacre 7. 8. Romain 7. 7. Marie 7. 8.
Belanger Françoise 3. 6.
Belet Antoine 9. 4. Jean 9. 3. Paul Augustin 9. 4. * 9. 5.
Belin Marie 9. 4.
Belleforciere Maximilien de 6. 5. Isabelle 6. 6. Marie Renée 6. 6.
Benoist Jean 12. 6. Jean François 11. 7. Pierre 12. 5. Barbe 12. 6. Françoise Bibianne 12. 7. Marie Louise 12. 7. Marie Madeleine 11. 6.
Berbifey Jacques de 13. 4. Jean 13. 5. * 13. 6. Mathieu 13. 6.
Berche Renée de 14. 1.
Berlinguet Claude Joseph 3. 6. Jacques 3. 4. Jean 3. 5. Genevieve 3. 6. Genevieve Elisabeth 3. 5. Jeanne Marthe 3. 6. Jeanne 3. 6. Marie Marthe 3. 5. Marie Jeanne 3. 6.
Bernage Marie de 8. 7.

Bernard Gaston Jean Baptiste de 5. 4. Jacques 5. 3.
Bernard Jeanne Oftelie 15. 7.
Bessay Marguerite Radegonde de 1. 6.
Bethault Louise 2. 5.
Blanc Nicolas le 7. 7. Sebastien Louis 7. 8. Marguerite 7. 8. Marie 7. 8. Marie Jeanne 7. 8.
Blanchet Louis 6. 5. * 15. 7. * 15. 8. Louis Henry 15. 9. Catherine 15. 8. Madeleine Catherine 15. 9.
Blancheteau Simon 7. 7. Marie Catherine 7. 8.
Blandin Charles 15. 8. Jean 15. 9.
Bleikard Maximilien 1. 7.
Blin Claude de 15. 5. Jacques 13. 5. Philbert 15. 4.
Bochard Samuel 8. 5. Marie 3. 2.
Boier Etienne 7. 8. Elisabeth 7. 9.
Boileau Catherine 10. 4.
Boireau Jacques 7. 7. Charles 7. 8. Angelique 7. 8. Anne 7. 8. Charlote 7. 8. Dorothée 7. 8.
Bois Charlote du 10. 4.
Boistel Marie le 9. 6.
Bonnard Françoise 6. 4.
Bordeaux Louise 12. 6.
Boyetet Charles 15. 6. * 15. 7. Charles Boromée 15. 8. Charles Pierre 15. 8. Edouard 15. 7. Jacques 15. 7. Jean Baptiste Alexandre 15. 8. Françoise 15 7 Marie 15. 7.
Boucher Marie 15. 8.
Boudon Marie 9. 4.
Boüete Eustache 7. 4. * 7. 5. Pierre 7. 5. Madeleine 7. 5.
Bouguier Christophe 3. 3. * 8. 4. Edouard 1 5. Jean 1. 4. * 8. 2. Mathieu 1. 4. Pierre 1. 4. * 8. 3. Catherine 8. 3. Cantienne 8. 3. Estiennette 8. 3. Marie 1. 4.
Bouhier Elisabeth 13. 5.
Boulais Marie 11. 4.
Boullenc Guillaume 6. 3. Madeleine 6. 4.
Boullenger Guillaume 11. 7. Jacques 12. 5. Louis 11. 6. Louis Jacques 12. 7. Michel Theodore 12. 7. Pierre Albert 12. 7. Françoise Innocente 12. 7. Marie Marguerite 12. 7.
Bourban Marguerite 7. 6.
Bourdin Elisabeth 4. 2.
Bourdonnais de la n. 5. 5.
Bourget Claude 10. 3. * 10. 4. * 10. 5. Françoise 10. 5.
Boutet de Guignonville Florent 9. 6. Anne Marie Catherine 9. 7.
Bouthillier Armand Leon 1. 8. Claude Leon 1. 8. Gabriel 1. 8. Jacques Leon 1. 7. Louis Leon 1. 8.
Bouthiere Charles de la 5. 4.
Bouvart Guillaume 9. 5. Jacques 9. 5. Jean 9. * y. 5. Pierre 9. 5. Catherine Françoise 9. 4. * 9. 6.
Brachet Estienne 7. 2. Marie 15. 7.
Bragelongne Charles de 11. 4. Claude Jacques 11. 6. Jean Baptiste Camille 11. 6. Jerôme 11. 6. Louis 11. 4. * 11. 5. Nicolas 11. 5. Pierre 11. 4. * 11. 5. Pierre Nicolas 11. 6. Louise Barbe 11. 6. Marguerite Elisabeth 11. 6. Marie Catherine 11. 6.
Brebant Jeanne 7. 7.
Breton Jacques le 15. 5. * 15. 6. Jean 15. 4. Sebastien 15. 3. Catherine 15. 7.
Breton de Villandri Henriette Marguerite le 8. 8.
Briçonnet Claude Henry 8. 9. François Bernard 8. 8. Henry 8. 9. Paul Guy Charles 8. 9. Clemence 5. 2. Genevieve Claude 8. 9. Marie 5. 3.
Bridier Michel 12. 3. Pierre 12. 4. René 12. 4. * 12. 5. Catherine 12. 5. Elisabeth 12. 5. Marie 12. 5.
Brie Renée de 14. 1.
Briere Antoine 7. 6. Claude Sebastien 7. 8. * 7. 8. Pierre Henry 7. 8. Romain 7. 7. Sebastien 7. 6. * 7. 7. * 7. 7.
Claude 7. 7. Claude Germaine 7. 8. Jeanne 7. 6. Jeanne Marguerite

A

TABLE ALPHABETIQUE.

7. 7. Louise 7. 7. Madeleine 7. 6. * 7. 7. * 7. 8. Marguerite 7. 6. Marie 7. 6. Marianne 7. 7. Marie Ursule Therese 7. 8.
Brinon Jeanne 1. 1.
Brisson Catherine 15. 9.
Bruet Joachim de 10. 4. Louise Françoise 10. 5.
Bruscoly Marguerite de 15. 7.
Bucy Charlote de 1. 5. * 1. 6.
Bueil Renée du 1. 5.
Bugy Pierre 15. 7. Anne 15. 8.
Bullion Marie Madeleine de 5. 4.

C

CANOUET Claude 15. 8. * 15. 9. Pierre 15. 8. Anne 15. 9. Marie 15. 6. Marie Claude 15. 9.
Camus Henry 8. 5. Jean 8. 3. * 8. 4. Jean Pierre 8. 5. * 8. 6. Marc Antoine 8. 5. Roger 8. 5.
Charlote 8. 5. Marie 8. 5. * 8. 7.
  Camus Marie Anne le 2. 4.
  Cannonville Marie Madeleine de 3. 4.
  Cardinet Marie 15. 6.
  Castanier Guillaume 15. 8.
  Catin Jean 8. 4. Catherine 8. 5.
  Cerf Claude le 3. 5. Jacques Joseph 3. 6. Jean Baptiste 3. 6. Louis Nicolas 3. 6. Genevieve Gabriele 3. 6.
  Chambly Jacques François de 4. 5.
  Chambray Henry Nicolas de 11. 7. Jacques François 11. 6. François Nicolas 11. 6. Nicolas 11. 5.
  Clemence Renée 11. 7. Françoise Gabrielle 11. 6. Helene Marthe 11. 6. Madeleine 11. 7. Marie Anne Maurice 11. 7.
  Charon de Menars Marie Anne 6. 7.
  Chartier Estienne 7. 2. Euverte 7. 3. * 7. 4. Germain 7. 3. Henry 7. 5. Julien 7. 1. Mathieu 1. 1. * 1. 2. * 1. 3. Michel 7. 2. René 7. 6. Simon 1. 1.
Genevieve 1. 2. * 3. 1. Marguerite 1. 3. * 7. 3. Marie 1. 2. * 1. 3. * 7. 2. * 7. 3. * 7. 4. * 6. 1. * 8. 1. Perrine 15. 1. Renée 7. 7.
Chartres Anne de 8. 6.
Chasteigner Eutrope Alexis de 1. 7.
Chastelin Marie 3. 4.
Chastelus Guillaume Antoine de 5. 6.
Chabannes N. de 15. 9.
Chavanne Anne 9. 5.
Chausse-Courte Godefroi de 14. 4.
Chauvelin Louis 15, 9. 15. 9. 15. 10. * 15. 10. n. 3. 5.
Chauvin Michel 11. 6. * 11. 7.
Cheneveilles Robert de 4. 4.
Cheret Antoine 15. 8.
Chevalier Jean 6. 2. Nicolas 6. 3. Anne 6. 3.
Marie Anne 12. 8.
Chevalot François Jacques 12. 8. Jacques 12. 7. Catherine 12. 8.
Chevillard Clement 11. 6. Clement Antoine 12. 7. Jacques Marie 12. 7. Nicolas Guillaume 12. 7. Barbe 12. 7.
Chin François 7. 7. n. 7. 8.
Choret Charles Antoine 15. 8.
Chrestien Madeleine 12. 5.
Cirasse François 8. 8. * 8. 9. Pierre 8. 9. Madeleine 8. 9.
Clausse Marie 3. 2.
Clerc de Lesseville Anne le 8. 7.
Coignet Michel 7. 5.
Coigneux Charles le 4. 4. Edouard 4. 2. Jacques 3. 2. * 4. 1. * 4. 3. Jean 4. 3. Louis 4. 5. René 4. 2.
Anne 4. 2. Anne Louise 4. 5. Elisabeth 4. 4. Gabrielle 4. 4. Madeleine 4. 3. Marie 4. 2. * 5. 1. Marie Jeanne 4. 5.
Collet Estienne 7. 7. Romain 7. 8. Louise 7. 8.
Collier Anne 7. 8.
Collin Louise 3. 2.
Comeau Benigne 13. 4. Pierre 13. 5. Charlote 13. 6. Marguerite 13. 6.
Compaing Madeleine 15. 3.
Composion Louis 7. 6. Anne 7. 7. Adrienne 7. 7. Louise 7. 7. Marianne 7. 7.
Comte François le 7. 7. Louis 10. 4. Sebastien 7. 8. Sebastien Louis 7. 8. Françoise 10. 5. Jacquette 7. 7. Madeleine 7. 8. Marie Henriette 10. 5.
Comtes Marie des 8. 4.
Coquelart Marguerite Perrete 4. 6.
Coquelin Angilbert 15. 8. * 15. 9. Jacques 15. 9. Marie 15. 9.
Coquentin Denis 12. 6. François Christophe 12. 7. Marie Louise 12. 7.
Coquillot Claude 12. 3. Jean 12. 2. Marguerite 12. 5.
Cornu François Charles le 10. 5. Gilles François 10. 6. Joachim 10. 6. Joachim Charles 10. 6.
Coste François de la 11. 4. Barbe 12. 5.
Cour Claude de la 11. 4.
Courtenay Marie Louise de 4. 4.
Coutault Louis Noel 9. 6. Jacquette 9. 4. Louise Marie Anne 9. 7.

Michele Marie Madeleine 9. 7.
Couteux Jeanne 7. 7.
Crespin Valentine 4. 3.
Croix Mathieu de la 12. 7.
Crux Armand Gabriel de 1. 7.

D

DAGUESSEAU Henry François 5. 5. Henry François de Paule 5. 8. Henry Louis 5. 6. Henry Charles 5. 6. Jean Baptiste Paulin 5. 6. Claire Therese 5. 6. Marie Anne 5. 6.
Dampierre Jean de 14. 2.
Dantissant Madeleine 7. 4.
Dodun Gaspard 4. 4.
Doigt Jean Paul du 15. 9. Paul 15. 8. Claude François 15. 9. Therese Marie 15. 9.
Doller Jacques 15. 7. Charlote 15. 8.
Dones Marie 11. 4.
Dory Jean Jacques 7. 7. Romain 7. 8.
Doulx de Melleville Claude le 11. 3. * 11. 4. * 11. 5. * 11. 5. * 11. 6.
Estienne 11. 4. Gabriel 11. 4. Jacques 11. 4. Jean 11. 2.
Anne 11. 4. * 11. 5. Catherine 11. 5. Catherine Marguerite 6. 6. * 11. 6.
Genevieve 11. 5. Madeleine 11. 6. Marguerite 11. 5. * 11. 5.
Dreux Pierre 11. 3. Thomas 11. 4.

E

EBERARD Louis 7. 7.
Echar Jean 3. 6.
Edeline Françoise 10. 4.
Emery Charlote d' 8. 5.
Escot Catherine 15. 7.
Eve Pierre Charles 7. 7. Marie Genevieve 7. 8. Susanne 7. 8.

F

FALCONY Pierre de 6. 5. Marie 6. 6. Cecile 6. 6.
Faugé Martin Raimond 15. 9. Martin Louis 15. 10. Gabrielle Marie Therese 15. 10.
Feideau Etienne 5. 2. François 5. 3. Marie Françoise 5. 3. Renée Françoise 15. 9.
Feroy Elisabeth Helene 7. 8.
Ferrand Camille 4. 7. François 4. 6. n. 4. 7. * 4. 7.
Fevre d'Ormesson André le 5. 4. Antoine François de Paule 5. 6.
Henry François de Paule 5. 6. Yves François de Paule 5. 6. Louis François de Paule 5. 5. * 5. 6.
Anne 5. 5. Catherine de Paule 5. 6. Marie Catherine de Paule 5. 6.
Marie Françoise de Paule 5. 6.
Fevre d'Ormesson de Cheré Olivier le 15. 9. n. 15. 10. n. 15. 10.
Fieubet Louise de 6. 5.
Fexelles Germain Christophe de 4. 6. Jean Baptiste 4. 5. Madeleine 4. 6.
Folleville Louise de 11. 6.
Fontaine Antoine 15. 7. Charles 15. 8. Esperance 1. 7. * 15. 8. Madeleine 15. 7. Marie Anne 15. 8. Marie Catherine 15. 8.
Forget François 12. 5. Catherine 12. 4. Marie 12. 6.
Fortin Marie 8. 4. * 9. 4.
Fougerange André François 9. 6. François 9. 5. Jacques 9. 4. Jean 9. 5. Pierre 9. 3. * 9. 4. Pierre René 9. 7. René 9. 4. * 9. 5. * 9. 5. n. 9. 5. Anne Renée 9. 6. Françoise 9. 4. Marie 9. 4. * 9. 5.
Marie Elisabeth 9. 6. Marie Michelle 9. 7.
Four Charles du 8. 5. * 8. 6. * 11. 6. Gabriel 11. 7. Jean Pierre 8. 6. Louis 8. 6. Susanne 8. 6. * 11. 7.
Fournier Catherine 10. 5.
Fraguier Claude 8. 5.
Francini François de 5. 4.
Fretard Madeleine 9. 5.
Frotier Benjamin Louis Marie 1. 7.

G

GALLAND 11. 9.
Gallois Marie Jeanne 4. 5.
Gallus Jean 15. 6. * 15. 6.
Garde Ursule de la 8. 9.
Garnier Madeleine 2. 2. * 4. 3.
Garreau Nicolas 7. 8. Louise Elisabeth 7. 9.
Gaumont Marie de 11. 5.
Geneffon Jeanne 3. 3.
Gevraise Anne 15. 3.
Gilard Jean 7. 8. Marie Françoise 7. 9. Marie Jeanne 7. 9.
Girard Antoine 8. 7.
Girault Marie 15. 7.
Gorlier Marie le 2. 4.
Gorran Genevieve 15. 7.
Gougnon Jacques 15. 6. * 15. 6. Jacques Louis 15. 8. Jean 15. 7.
Louis 15. 7. Françoise 15. 7. Genevieve 15. 8. Marguerite Helene 15. 6. Marie 15. 7.
Goupil Jean 12. 2. Estiennette 12. 3.
Goury André 4. 3. n. 4. 4.

TABLE ALPHABETIQUE.

Gouffart Eftienne 12. 1. Catherine 12. 2.
Gouftimefnil Laurent de 4. 4. * 4. 5.
Grenet Balthafar 9.6. Claude 9. 6. Jean 9. 5. Jean Eftienne 9. 6.
Catherine 9. 6. Jeanne Françoife 9. 6. Marie Anne 9. 6. Marie Therefe 9. 6.
Gueau Claude 9. 3. * 9. 4. Jean 9. 2. * 9. 3. Anne 9. 5. Genevieve 9. 3. Marguerite 10. 4. Marie 9. 3. Marie Catherine 9. 5.
Guenée Claude 12. 1. Françoife 12. 2. Marguerite 12. 2. Marie 12.2.
Guenegaut Renée de 8. 6.
Guiennet Catherine 12. 7.
Guiet Marguerite 11. 14.
Guillaumie Marie Anne de la 3. 4.
Guillaureau Hervé 8. 1. Hubert 8. 2. Jacques 8. 1. Pierre 8. 2. Catherine 8. 2. Jeanne 8. 2. * 13. 1.
Guillemeau François 11. 6.
Guillois n. 11. 6.
Guillote François 12. 4. * 12. 5.
Guion Laurent 15. 7. Catherine 15. 8.
Guiot Charlote 7. 8.

H

Haie Jean de la 3. 5.
Haie Ventelet Denis de la 3. 4.
Hapard Charles Henry 7. 8. * 7. 9. Jean Baptifte Charles 7. 9. Sebaftien René. 7. 9
Hazard Laurent 15. 8. Jofeph 15. 9. Pierre Cefar 15. 9. Anne Françoife 15. 9. Madeleine 15. 9. Marguerite 15. 9.
Heilly Piffeleu Anne de 14. 3.
Hennequin Anne 7. 6.
Herembourg Antoine d' 11. 3. Claude 11. 4. * 11. 5. Jacques 11. 5. * 11. 6. Nicolas 11. 6.
Hodey Guillaume 12. 3. * 12. 4. Marie 12. 4.
Huault Armand 14. 5. Alexandre 14. 3. Barthelemy 14. 3. * 14. 4. Barthelemy Nicolas 14. 5. Claude 14. 4. Charles René 14. 4. Jacques 14. 2. Jean 14. 3. Janvier 14. 3. Nicolas 14. 5. Philippe 14. 3. * 14. 4. Pierre 14. 3. Genevieve 14. 4. Renée 14. 4.
Huot Antoine 5. 2. Charles 5. 2. Jacques 5. 2. Mathias 5. 3. Marie Anne 5. 4.
Huvé Gabrielle 10. 3.

J

Jacques Catherine 15. 6.
Jaier Jeanne 1. 1.
Jant Marie 13. 1.
Janvier Madeleine 14. 1.
Jobert Pierre 7. 6. Anne 7. 7.
Joques François 15. 8. * 15. 9. Elifabeth 15. 9. Marie Anne 15. 9. Marie Madeleine 15. 9.
Jonquet Elifabeth 9. 7.
Julien Marie 7. 5.
Juranville 15. 5.

L

Laisné Claude Martin 10. 6. Jean 10. 5. Françoife 10. 6. Marie Catherine 10. 6. Marie Therefe 10. 6.
Lallemant Jeanne 7. 1. Marguerite 7. 2.
Lambert Jean 8. 5. Genevieve 8. 6. Yoland 15. 2.
Lancry Marie de 14. 4.
Landrons Lubin Henry 15. 8.
Langle François de 12. 6. * 12. 7. Guillaume 12. 7. Jean. 12. 5. René 12. 6. Catherine 12. 6. Marie Anne 12. 7. Marie Catherine 12. 7 * 12. 8. n. 12. 6.
Langlois Louife 12. 5.
Langlois de Moteuille n. 8. 8.
Lantelet Françoife 3. 4.
Lafnier Marie 3. 3.
Lavolé Pierre 9. 4.
Leftoré François 7. 7. * 7. 8. * 7. 9. Anne 7. 9. Anne Marie 7. 9. Marie Anne 7. 8. Renée 7. 9.
Lhopital Nicolas 12. 6. Marie Anne 12. 7.
Limoges Adrien de 11. 5. Jean Baptifte 11. 5. Marguerite Therefe 11. 6. Marie Claude 11. 6.
Linardiere Nicolas 12. 2.
Lionne Henry Charles de 6. 7. Jean 6. 6. Anne 6. 7. Madeleine 6. 7. Marie Françoife 6. 7.
Loines Elifabeth de 2. 3.
Longueil Claude de 6. 6. Guillaume 6. 5. Jean 6. 5. René 6. 4. 6. 7. Louife Françoife 6. 6. Louife Therefe 6. 6. Madeleine 6. 5. Renée Sufanne 6. 6.
Longuet Charles 5. 2.
Lopin Marie 13. 2.
Lorme Marie de 10. 3.
Luthier Marie Anne 6. 5.

M

Mahon Marguerite 9. 4.
Maillard Benoift de 13. 2. Claude 13. 5. François 14. 1. * 15. 5. George 13. 3. * 13 6. Jacques 13. 1. * 13. 3. * 8. 2. Philbert 13. 6. Scipion 13. 3. Anne 14. 2. * 13. 6. Barbe 13. 4. Catherine 13. 6. Claude 13. 4. Françoife 14. 2. Jeanne 13. 5. * 13. 6. Madeleine 13. 5. Marie 13. 3.
Maindextre Jean 15. 8. Michel 15. 9. Catherine Avoie 15. 9 Madeleine 15. 9.
Maire Genevieve le 10. 2. Marie 10. 3. Philippe 10. 2.
Maiftre Henry Louis le 5. 4. Jerome 5. 3. Anne 5. 4. Eleonore 5. 4. Madeleine 15. 6. Marie Françoife 5. 4. * 5. 5.
Malhape Claude 12. 5. Jacques 12. 3. Jean 12. 4. Louis 12. 3. Nicolas 12. 2. n. 12. 5. Catherine 12. 4. Marie 12. 2. * 12. 3. * 12. 4. Mathurine 12. 2. n. 12. 5.
Marchais Catherine du 10. 3. Françoife 9. 3.
Mare Marguerite de la 15. 3.
Maréchal Denis 5. 2. Denis Jerome 5. 3. Jean Alexandre 5. 3. Mathias 5. 1. * 4. 2. Anne 5. 2. Elifabeth 5. 2. Françoife 5. 3. Genevieve 5. 2.
Maréchal Eftienne le 11. 6. Jean 11. 5. Marthe 11. 5. Rofe Catherine 11. 6.
Marteges Marie de 3. 5.
Margalé François Alexandre 7. 8. Pierre 7. 7. Henriette Marie 7. 8. Marie Therefe 7. 8.
Marfete Claude 15. 7. Jacques 15. 6. * 15. 8. Robert 15. 5. Avoie 15. 4. Marie 15. 7.
Marle Marie Françoife 15. 9.
Martineau Bertrand 7. 4. Claude 7. 5. Gabriel 7. 6. Jean 7. 5. Nicolas 7. 3. * 7. 4. Anne 7. 5. Madeleine 7. 5.
Maffol Antoine Bernard de 13. 5. * 13. 7. Jean 13. 6. Anne Nicole 13. 7.
Mauce, Louis de 8. 8.
Mazoier Marguerite Anne le 14. 4.
Mé Catherine du 12. 6.
Mel n. 15. 9. Pierre 15. 9.
Meraut Marguerite 8. 5.
Merlin Antoine 3. 6. Elifabeth Genevieve 3. 7.
Mefgrigny Charles Hubert de 1. 7. * 15. 8. François 1. 5. * 1. 6. Jacques 1. 5. Jean 1. 4. * 1. 5. Jean François 1. 6. Jofeph Ignace 1. 6. Louis 1. 5. Mathieu 1. 5. Nicolas 1. 5. Romain Luc 1. 6. Charlote 1. 7. Eleonore 1. 6. Eleonore Henriette 1. 7. Gabrielle 1.7. Louife Françoife 1. 7. Marie Marguerite Radegonde 1. 7. Renée 1. 6.
Mefmes Jean Jacques de 1. 2.
Mefnil Marie de. 7.
Mefnil-Simon Françoife Henriette du 1. 6.
Michel Bonnet François 7. 8. Henriette n. 7. 9.
Michon Louife 6. 4.
Mignot Marguerite 7. 3.
Milleville Nicolas de 10. 4. Gabrielle 10. 5. Therefe 10. 5.
Moignon de la n. 6. 6.
Moine Denis le 6. 2. Anne 6. 3. Madeleine 6. 3.
Molé Edouard 1. 2. * 2. 2. François 2. 2. Jean 2. 2. * 2. 2. * 2. 3. Jean Baptifte Mathieu 2. 4. Louis 2. 3. Mathieu 2. 4. * 4. 4. n. 4. Agnès 2. 3. Françoife 2. 2. Gabrielle 2. 4. Louife 2. 4. Louife Marie 2. 2. Madeleine 2. 2. Marie 2. 3. Philippe Elifabeth 2. 4.
Monchy George de 2. 3. Marie Madeleine 2. 4.
Montenay Antoine de 11. 4.
Montholon Charles François de 3. 4. * 3. 5. François 1. 2. * 3. 1. * 3. 2. * 3. 3. * 6. 6. Guillaume 6. 3. * 6. 4. Jacques 3. 2. Jean 3. 2. * 3. 3. Jerome 6. 4. * 6. 5. * 6. 7. Julien 3. 4. Mathieu 3. 2. * 6. 5. * 6. 6. * 6. 7. * 11. 6. Nicolas 3. 3. Pierre 3. 2. * 6. 6. Anne 3. 4. * 6. 5. Gabrielle 2. 5. Gabrielle Catherine 3. 5. Genevieve 3. 2. * 3. 4. * 4. 1. Julienne 5. 5. Louife 3. 4. Madeleine 3. 4. * 3. 5. * 6. 6. Marguerite 3. 4. * 3. 5. Marie 1. 2. * 1. 2. * 6. 1. Marie Anne 6. 6. Marie Louife 3. 5. * 6. 6. Marie Therefe 6. 5.
Montrueil Maurice de 15. 2.
Morin Madeleine 12. 6.
Morlet Genevieve 13. 6.
Mote Nicole de la 13. 6.
Mouchet Jean Baptifte du 3. 4. Julien 3. 5.
Mulot Anne 9. 3.

N

Nau Françoife 11. 5.
Nicolai Renée 1. 4. * 2. 1.
Noié Marie Elifabeth du 5. 4.
Noier Catherine du 14. 4.
Noir Alexandre le 8. 8. Claude 8. 5. Gervais 8. 6. Jean 10. 2. Pierre Augufte 8. 8. Thomas 8. 6. Elifabeth 10. 3. Françoife 10. 3. Marie Agathe 8. 8.
Noirtet Marguerite 3. 3.
Normant Blanche Marie le 15. 8.

TABLE ALPHABETIQUE.

O
Oudet Adrienne 11. 4.

P
Paillet Jean 8. 4. Marguerite 8. 6.
Papillon Antoine Charles 15. 9. Gabriel 15. 8. * 15. 9. Jacques 15. 9. Jacques Nicolas 15. 10. Pierre 15. 9. Catherine Avoie 15. 9. Françoise Nicole 15. 9. Jeanne 15. 9. Louïse Gabriel 15. 10. Marie Anne 15. 9. Marie Anne Jacqueline 15. 10. Marie Françoise 15. 10. Therese 15. 9.
Pardieu Henriette de 10. 4. Marie 9. 4.
Paris Claude de 15. 9.
Pas de Feuquieres Antoine de 2. 4. * 2. 5. Pauline Corisande 2. 5. * 6. 7.
Paté Catherine 1. 1.
Perard Catherine 13. 4.
Perrot Anne 8. 4.
Petit Marie 12. 4.
Petit de la Guierche Guillaume 8. 6. Henry 8. 7. Elisabeth 8. 7. Marie 8 7.
Peverel Alexandre de 11. 6. Louis François 11. 7. Nicolas Charles 11. 7. Marguerite Madeleine 11. 7. Marie Gabrielle 11. 7.
Pierre Claude Nicolas 10. 5. * 10. 6. Mathurin 10. 4. * 10. 5. 10. 6. Nicolas 10. 5. * 10. 4. * 10. 5. Françoise 10. 5. Marie Anne Catherine 10. 5. * 10. 6. Marie Therese 10. 4. * 10. 5.
Pinson Genevieve 15. 7.
Piney Antoine 7. 8. Blaise 7. 7. Jean Jacques 7. 8. Marie 7. 8.
Platrié de la Croix Marguerite Elisabeth 11. 5.
Poitiers Jean Ferdinand de 1. 6. Eleonore Henriette 1. 7.
Poluche Claude 15. 5. Madeleine 15. 6.
Poncher n. 1. 5.
Porcher Madeleine 15. 4.
Potier Jean 8. 7. Madeleine 8. 8.
Potier de Gesvres Leon 6. 7.
Potier de Novion Anne 6. 6.
Pouget Charles François du 14. 5.
Prestreau Mathurine 12. 3.
Prevost Lancelot le 11. 1. Catherine 11. 2. Susanne 11. 2.
Prey Christophe du 12. Joseph 12. 6. Louise 12. 6. Marguerite 12. 6. Marie 12. 6. Reine 12. 7. Victoire 12. 7.
Prince Charles le 8. 5. Joseph 15. 8. Joseph Paul 15. 9. Catherine 15. 9. Charlote 8. 6. Claude Françoise 15. 9.
Puis Louis du 12. 5. Marie Anne 12. 6.

Q
Quedarne Nicolas 9. 2. * 9. 3. * 9. 4. Genevieve 9. 3.
Queroy Jacques 3. 5. Marie Elisabeth 3. 6. Marie Madeleine 3. 6.

R
Rabaroust Françoise 12. 4.
Rabet Françoise 10. 2.
Raimbert Servais 12. 6. * 12. 7. Servais François 12. 8. Marie Anne Françoise 12. 8.
Ranchet François 7. 8. Jacques 7. 8. Pierre 7. 7. * 7. 8. Marie Anne 7. 8.
Ranchin n. 6. 7.
Raviere Marie de 6. 5.
Rebours Françoise le 8. 4. * 9. 1.
Recoqueville Catherine 10. 3.
Redde Louis le 12. 5. Marin 12. 4. * 12. 5. Nicolas 12. 5. Thomas 12. 5. Anne 15. 7. Charlote 12. 5. Genevieve 12. 5. Madeleine 12. 5.
Regnard Madeleine 15. 8.
Rochechouard Eleonore de 1. 5. Marie Marguerite 8. 6.
Rochefort Antoine de 8. 5. Claude 8. 3. * 8. 4. Geofroi 8. 5. Pierre 8. 3. Thomas 12. 5. Anne 8. 5. * 8. 6. Catherine 8. 4. Louïse 8. 5.
Rocq de Varengeville Charlote 6. 6.
Roffignat Claude 4. 5.
Roger Jacques 12. 5. * 12. 6. Jean 12. 4. Michel 12. 3. Marie 12. 5.
Roier Marianne le 12. 6.
Romilly de la Chenelaie Charles Adolphe de 6. 7. Louis 6. 6. Renée Elisabeth 6. 7.
Rouen Marie de 3. 5.
Rouillard Marie 15. 2.
Rossignol Estienne Nicolas 15. 10. Gabriel 15. 9. * 15. 10.
Roussieau Michel 9. 4. * 9. 5. n. 9. 5. * 9. 5. Claudine 15. 5.
Roussel Anselme Joseph 12. 7. Christophe 12. 5. * 12. 6 Eugene 12. 7. François Christophe 12. 7. Marc Antoine 12. 7. René Theodose 12. 7. Catherine Julie 12. 7. Elisabeth 12. 6. Eisabeth Adelaide 12. 7. Marie 12. 6. * 11. 5. Marie Adelaide 12. 7.
Roussillard Marie 7. 5.
Roux Marie le 8. 6.
Rouyer François le 12. 6. Jacques 12 4. * 11. 5. Pierre 12. 6. Marguerite 12. 3. Marie Madeleine Elisabeth 12. 6.
Roy François le 5. 4.

S
Sachot Estienne 4. 3. Jacques 4. 3. Nicolas 4. 2. Marie 4. 3. Valentine 4. 4.
Saguier Louis Marie René 6. 7.
Saillard Louise 12. 4.
Sailly Armand Simon de 10. 4. Laurent 10. 5. Anne 10. 5.
Saint Cheron Charles de 11. 2. Anne 11. 3. Marie 11. 3.
Sainte Aldegonde Marie Catherine de 14. 5.
Saintes Claude de 8. 4. Guy 8. 4. Jean 8. 4. Michel 8. 6. Pierre 8. 4. * 8. 4. René 8. 4. * 9. 1. Anne 8. 4. Catherine 8. 4. * 11. 1. Françoise 8. 4. * 9. 2. * 10. 1. Genevieve 9. 2. Marguerite 8. 7. Marie 8. 4. * 8. 4. * 9. 2. * 12. 1. * 12. 1.
Salle Charles de la 6. 3. * 6. 5. Marie Anne 6. 6.
Saulsaie Charles de la 15. 5. Olivier 15. 4.
Seigliere de Bois-franc Gilbert de 6. 6. Joachim Adolphe 6. 7. * 2. 5. n. 6. 8. Marie Louïse 6. 7.
Serify Louis de 10. 4.
Seve Alexandre de 8. 8. Alexis 8. 6. Antoine 8. 6. Claude 8. 6. * 8. 7. Guillaume 8. 5. * 8. 7. * 8. 8. Guy 8. 7. * 8. 8. Jean 8. 6. * 8. 7. * 8 8. Nicolas Claude 8. 8. Claude 8. 6. * 8. 7. Claude Françoise 8. 7. Marie Anne 8. 8. Marie Madeleine 8. 8.
Sevin Claude 15. 6. * 15. 6. Anne 15. 6. Claude 15. 6. Elisabeth 15. 7. Marguerite 15. 7.
Simon Antoine 10. 4. Claude 10. 4. * 10. 5. Louis 10. 3. Anne 10. 4. * 11. 3. Charlote 10. 5. Françoise 10. 4. Henriette 10. 4. Marie Anne 10. 5.
Sochon Jean 9. 6. Jean Simon 9. 7.
Soudart Marie 10. 3.
Stample Françoise 15. 5.

T
Tais Jacques de 15. 7. Jacques Claude 15. 8. Françoise 15. 8.
Talon Louis Denis 2. 5. Omer 2. 4.
Tellier Madeleine le 4. 4.
Teste Jean 1. 2. * 6. 1. Charlote 6. 2. Elisabeth 6. 1.
Testu de Balincour Claude Guillaume 8. 8. * 8. 9. Henry 8. 7.
Thomas Claude 13. 7. Nicolas 13. 6. Judith 13. 6. * 13. 6.
Thumery Adrien de 4. 3. Christophe 4. 3. Germain Christophe 4. 4. René 4. 5. Madeleine 4. 6.
Tiremois Jacques de 8. 7. * 8 8.
Tonneliet Estienne le 10. 4. Jean 10. 5. Madeleine 10. 5. Marie Catherine 10. 5.
Tranchot Marguerite 15. 4.
Trochon Jean Simon 9. 7. Simon 9. 5. Anne 9. 6. Marie Anne 9. 6. Marie Madeleine 9. 6.
Trorçon Charles 8. 7. Louis 8. 6. * 8. 7.
Tronchai Armand de 14. 5. Jean Paul 14. 5. Louis 14. 4. * 14. 5. Renée Françoise 14. 5. Marie Genevieve 14. 5.
Trouillard Marie 7. 2.
Truchot Jean 3. 5.
Tullier Claude 15. 6.
Turpin Philippe Charles 1. 6. Agnès Angelique 1. 6. Angelique Marie Damaris Eleonore 1. 7.

V
Vaer Marguerite le 14. 4.
Val François du 7. 6. Jean 7. 6. * 9. 3. Thomas 7. 5.
Varier Louis 15. 8. Nicolas 15. 8. Anne Marguerite 15. 8.
Vassan Marie de 3. 4.
Vassor Marie le 9. 4.
Vassou't Estienne 7. 6. Henry 7. 7. Jean 7. 6. Louis 7. 7. * 7. 8. Romain 7. 8. Anne 7. 6. Anne Perrette 7. 7. Madeleine 7. 7. Marie 7. 7. * 7. 7. Marie Anne 7. 8. Marie Genevieve 7. 8. Susanne 7. 8.
Vaucel Jean Charles de 11. 7. Nicolas 11. 6. Marguerite 11. 4.
Vandetard Louis de 7. 5. Louïse 7. 6. n. 7. 6. * 7. 6.
Veau Denis 14. 2.
Verdier Jeanne du 15 9.
Verger Marie du 15. 7.
Viliabon Marie 15. 7.
Ville Pierre la 7. 8.
Villette Marie le 7. 4.
Vion François de 4. 5. Jean François 4. 5. René 4. 5.
Vivier Jean du 3. 4. Nicolas 3. 5. Genevieve 3. 5. Marguerite 9. 5.

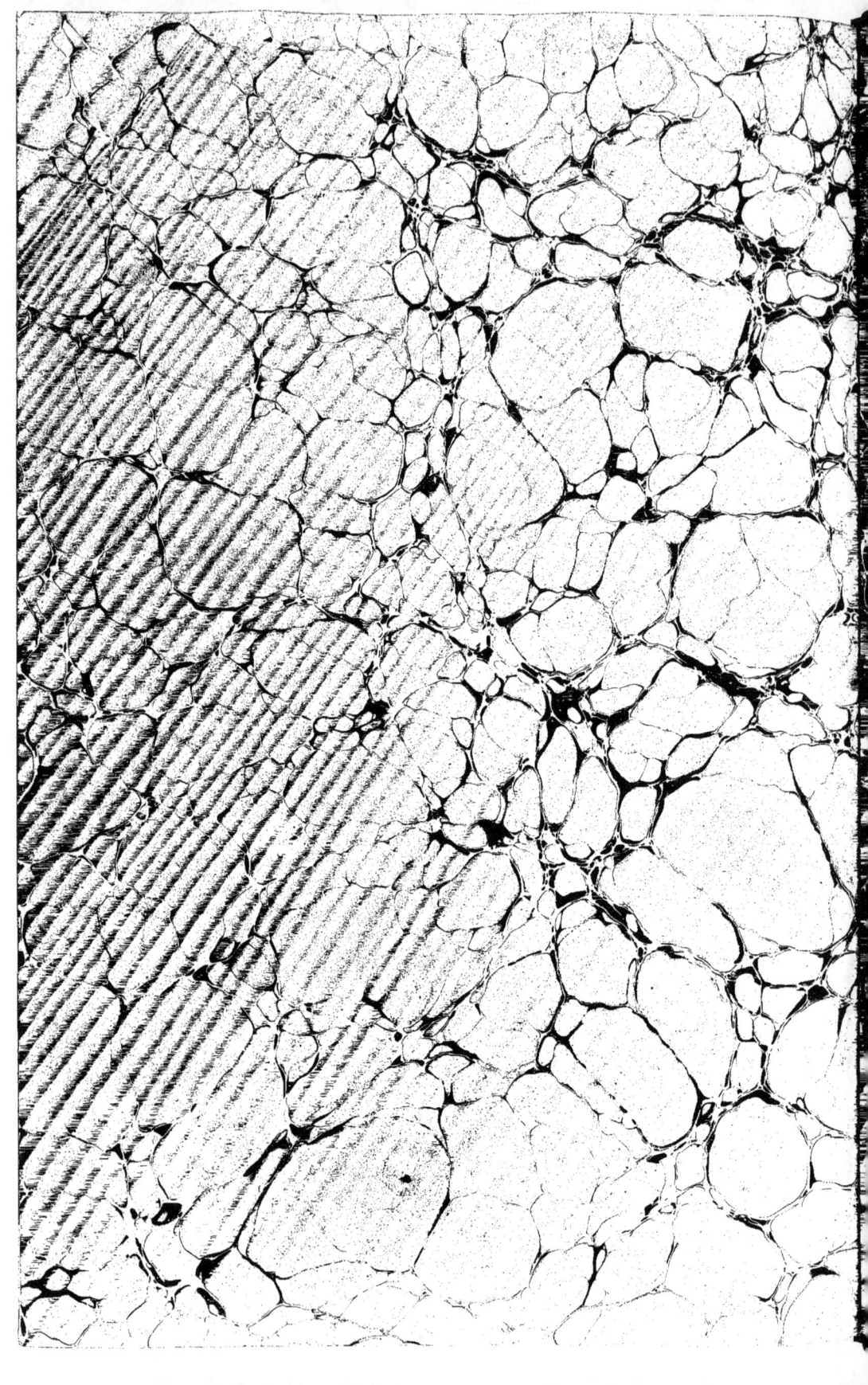

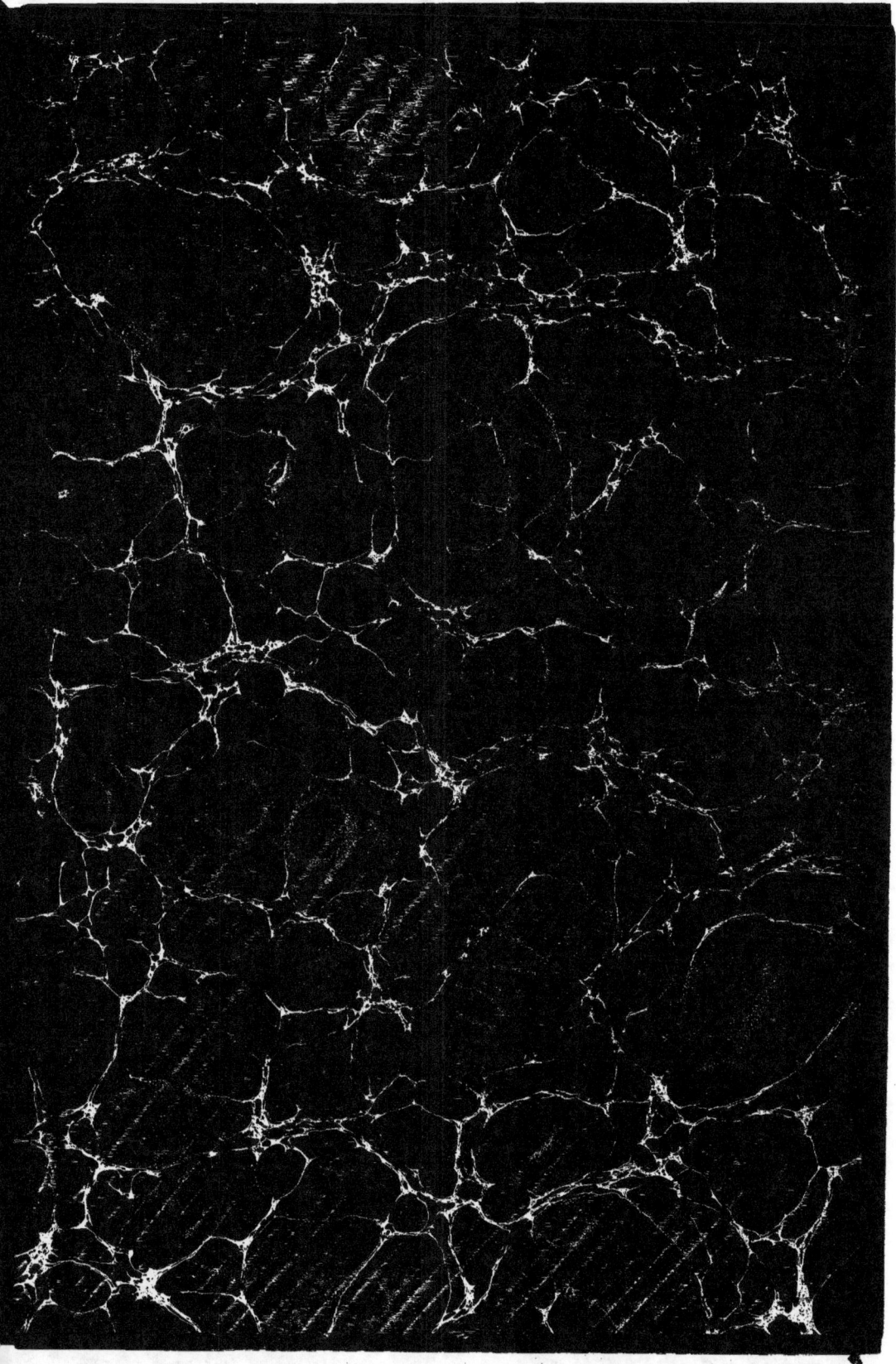

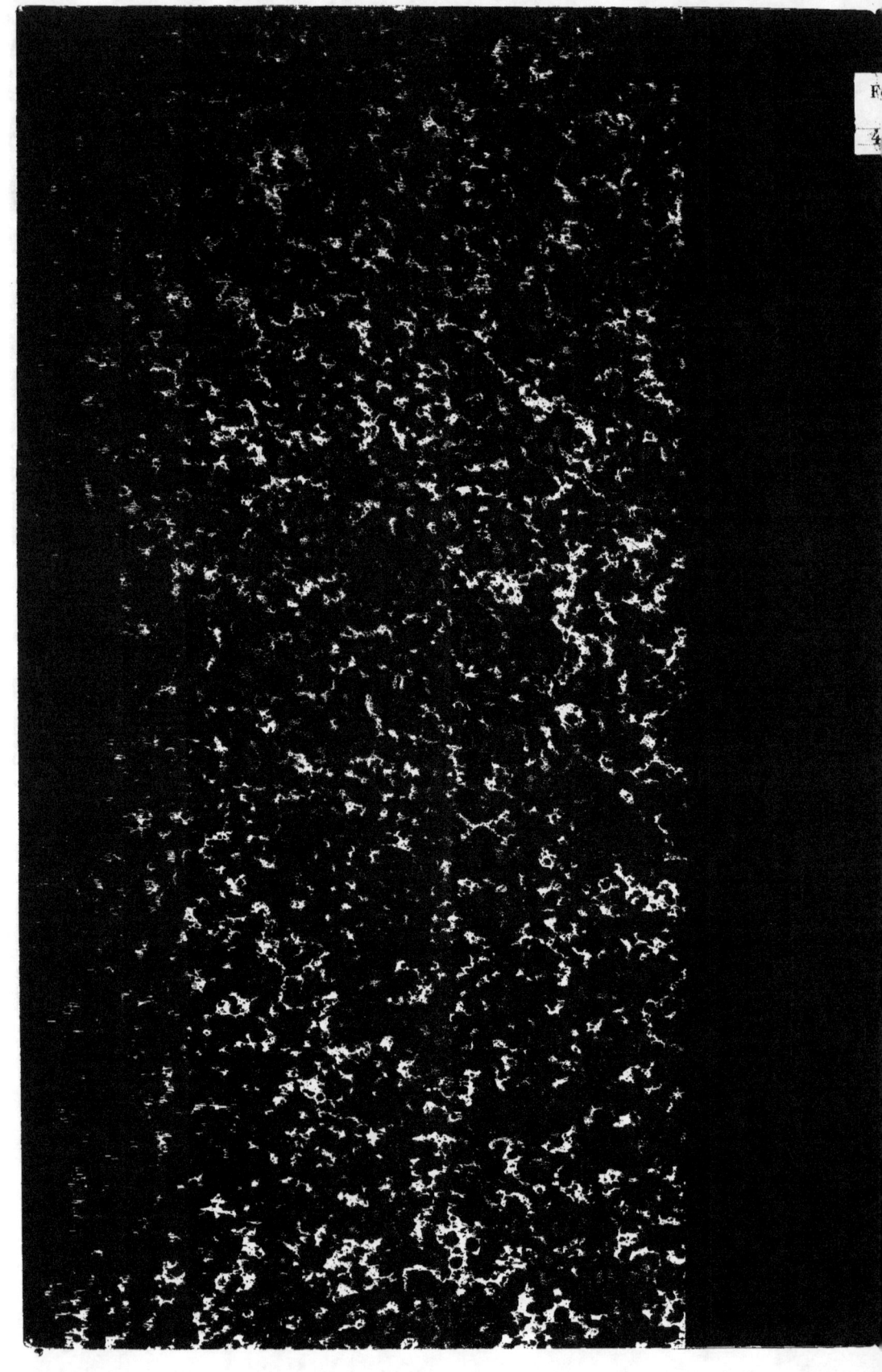

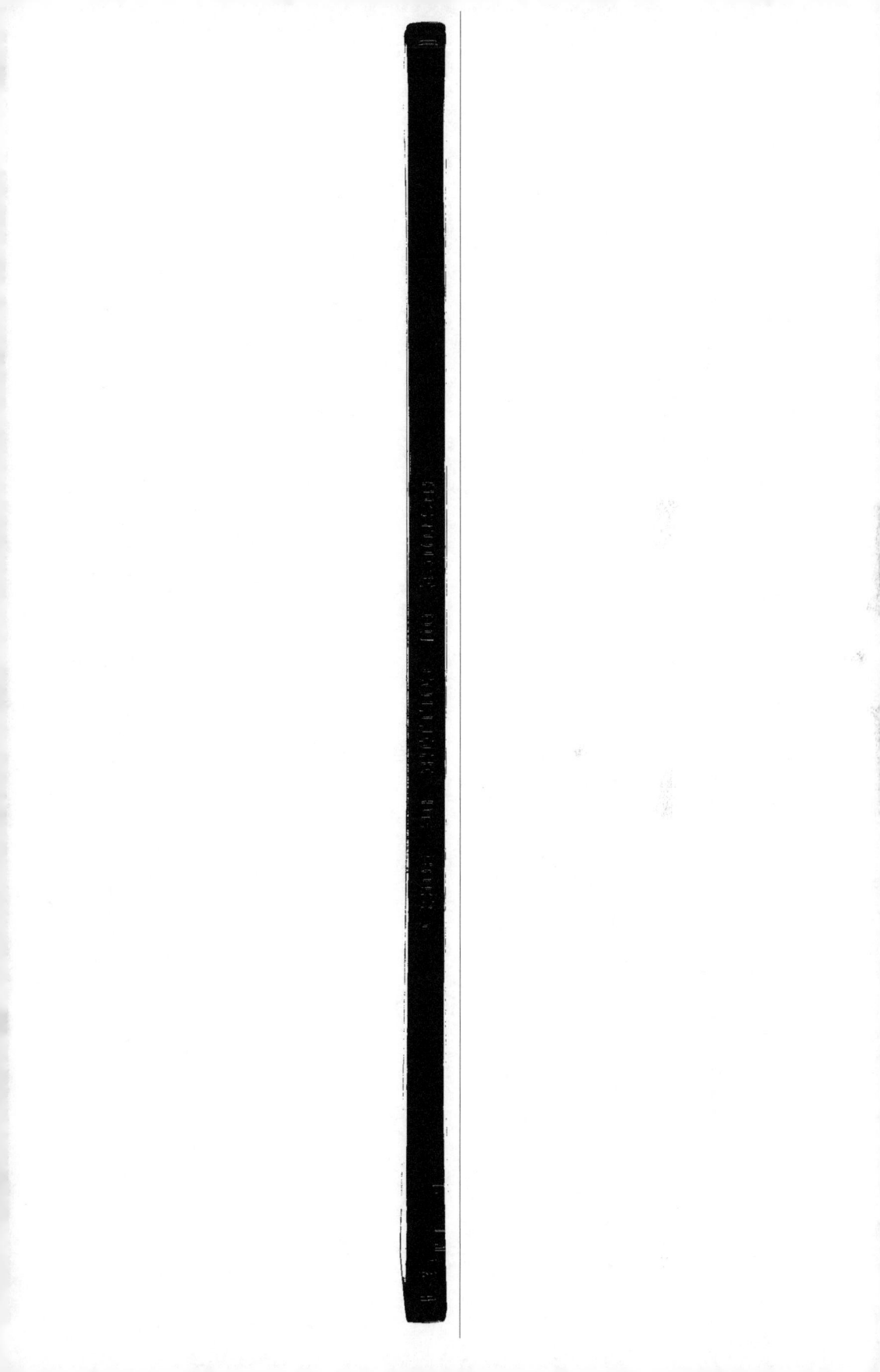

www.ingramcontent.com/pod-product-compliance
Lightning Source LLC
LaVergne TN
LVHW021701080426
835510LV00011B/1518